»Alles ist möglich, ein Strich nach dem anderen.«

Zentangles zu zeichnen, ist eine meditative Beschäftigung und eignet sich für Menschen jeden Alters. Einfache und anspruchsvollere Muster (Tangles) werden spontan so kombiniert, dass Linie für Linie kleine individuelle Kunstwerke entstehen. Nehmen Sie einen Stift zur Hand, tauchen Sie ein in die kreative Vielfalt und kommen Sie im Alltag zur Ruhe.

Inhalt

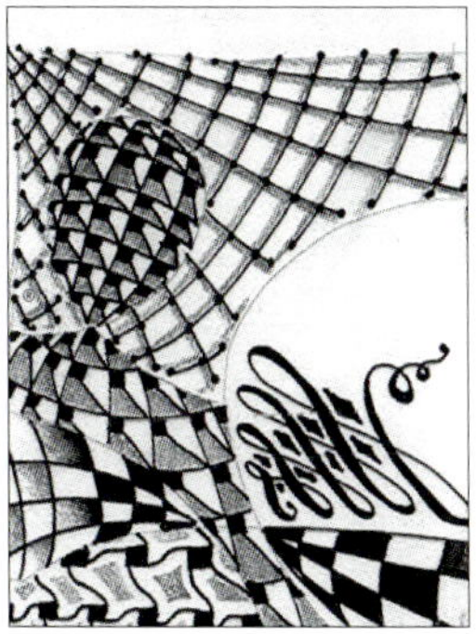

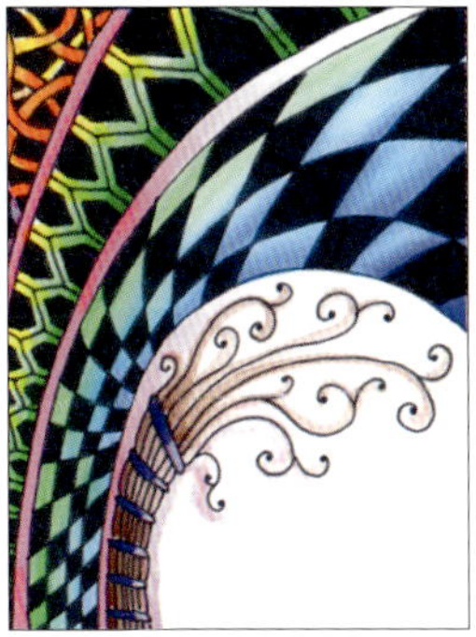

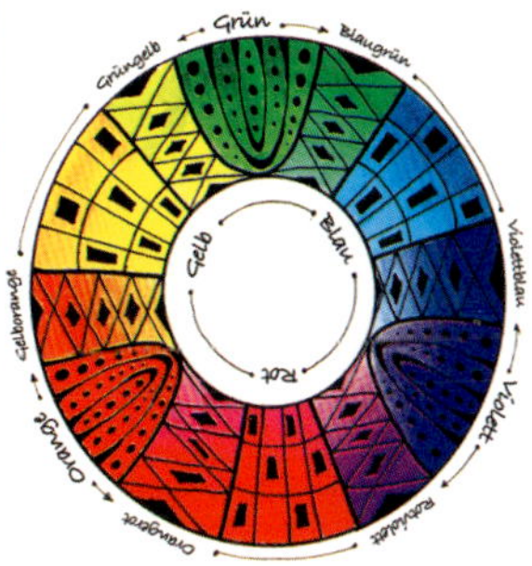

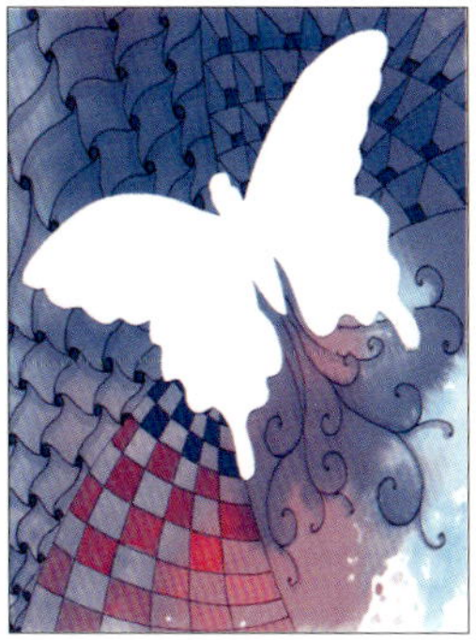

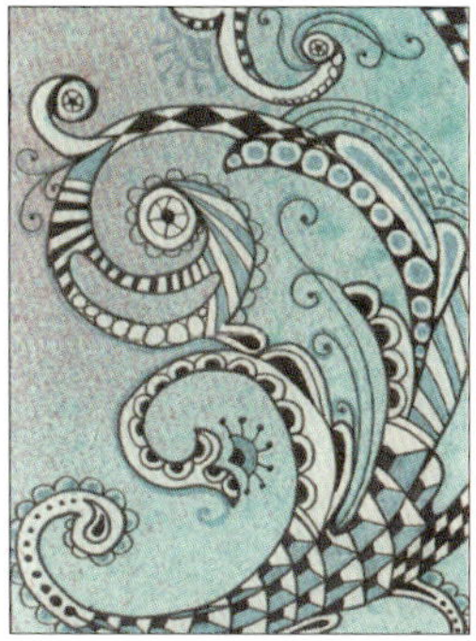

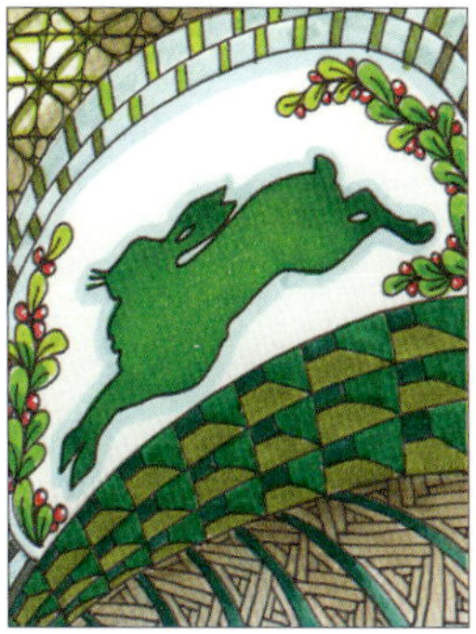

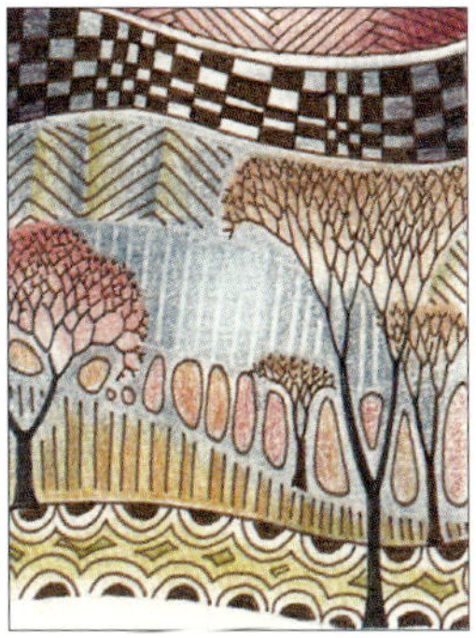

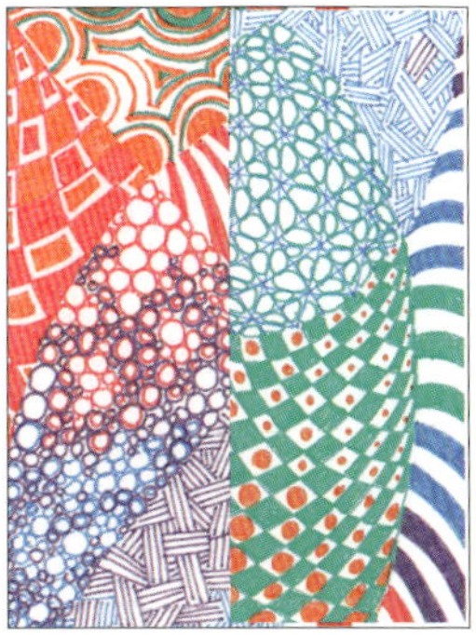

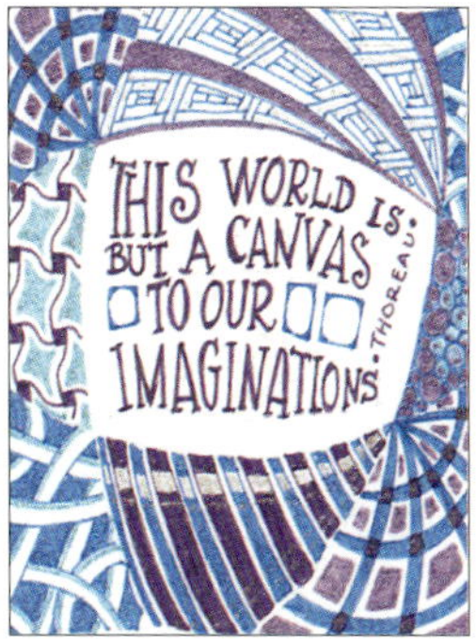

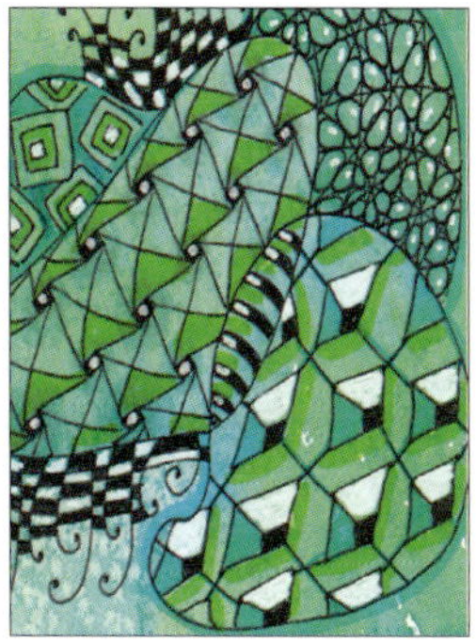

Zentangle – erste Schritte

Mit Zentangle fokussieren Sie Ihren Geist auf das Zeichnen filigraner Muster, der Körper entspannt sich. Sorgen und Stress können sich so verflüchtigen.

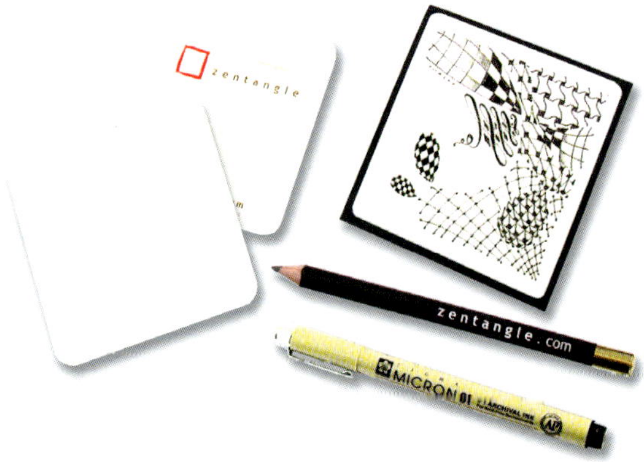

Das brauchen Sie

Dokumentenechter Fineliner

Ich arbeite am liebsten mit dem schwarzen Pigma®-Micron-01-Stift von Sakura® (im Folgenden Fineliner genannt). Er ist wasserfest und lichtecht.

Bleistift

Für Strings und Schattierungen ist ein weicher Bleistift der Stärke 2B eine gute Wahl.

Zentangle-Kacheln

Zentangles werden auf Original Zentangle-Kacheln gezeichnet, quadratische Zeichenblätter im Format 9 × 9 cm, gefertigt aus feinem italienischen Papier.

Zentangle – Schritt für Schritt

1. Den Rahmen zeichnen

Setzen Sie mit dem Bleistift einen Punkt in jede Ecke der Zentangle-Kachel. Verbinden Sie die Punkte zu einem Rahmen, wobei die Linien nicht gerade sein müssen.

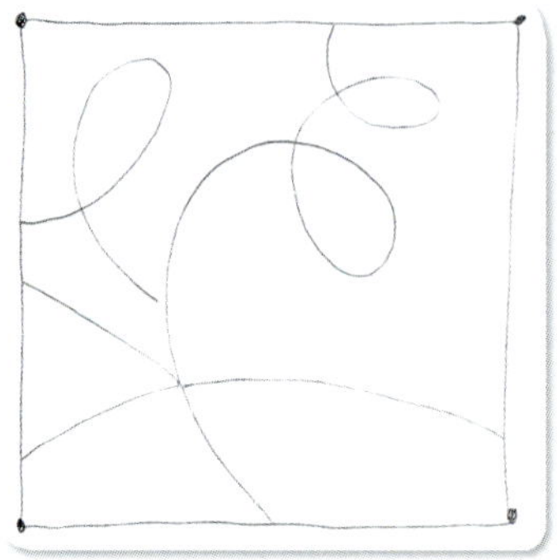

2. Mit Strings unterteilen

Teilen Sie die Kachel mit Bleistifthilfslinien in kleinere und größere Felder ein. Ziehen Sie schwungvoll Kurven, Wellen, Wirbel, Zickzacklinien, Kreise, Dreiecke … Auf keinen Fall radieren! Die Strings gehören zum Design.

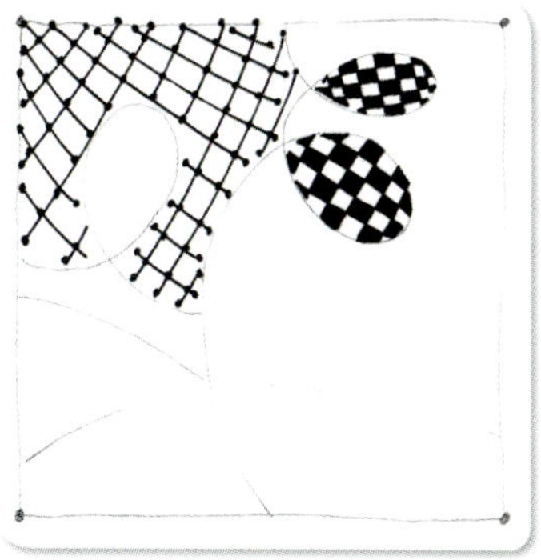

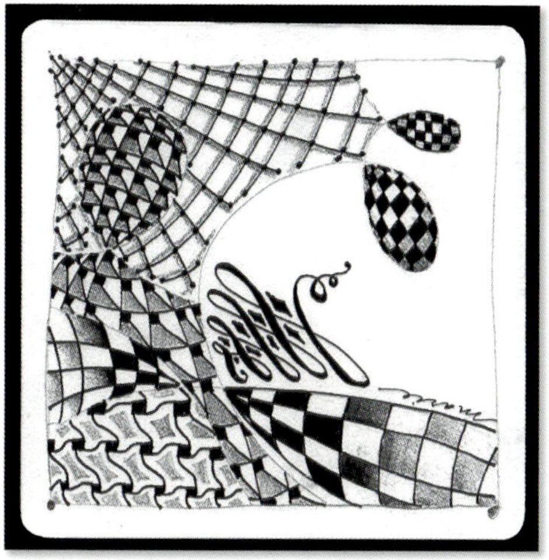

3. Das Tangle gestalten

Arbeiten Sie mit dem schwarzen Fineliner weiter. Füllen Sie einzelne Bereiche mit jeweils einem anderen Tangle-Muster (Anregungen dazu gibt es auf Seite 26 bis 41), wobei einige Felder ruhig frei bleiben dürfen.

4. Schattieren mit Bleistift

Ich möchte Sie ermuntern, öfter mit Schattierungen zu experimentieren. Sie verleihen der Zeichnung Tiefe und Struktur, sodass Ihr Werk plastisch wirkt. Ein weicher Bleistift eignet sich dafür am besten.

- Arbeiten Sie mit der flachen Seite Ihres Bleistifts, um graue Flächen oder Details zu schraffieren. Beim Schattieren sollten die Striche etwa 3 mm breit sein, damit einzelne Elemente schön räumlich hervortreten können.
- Nehmen Sie einen Papierwischer oder den Finger, um die Bleistiftschraffuren zu verwischen, zu nuancieren oder Graustufen zu mischen.

Warum schattieren?

- um das Muster plastisch wirken zu lassen
- um den Eindruck zu erwecken, dass ein Element vor dem anderen liegt
- als Helligkeitsabstufung innerhalb des Tangles
- um Schlagschatten am rechten und unteren Rand einer Form zu gestalten

5. Das Tangle signieren

Zuletzt setzen Sie Ihre Initialen oder Ihre Signatur auf die Vorderseite der Kachel. Auf der Rückseite fügen Sie Ihren Namen, den Titel und das Datum hinzu.

TIPP: Schattieren Sie sparsam und lassen Sie grundsätzlich einige Bereiche weiß.

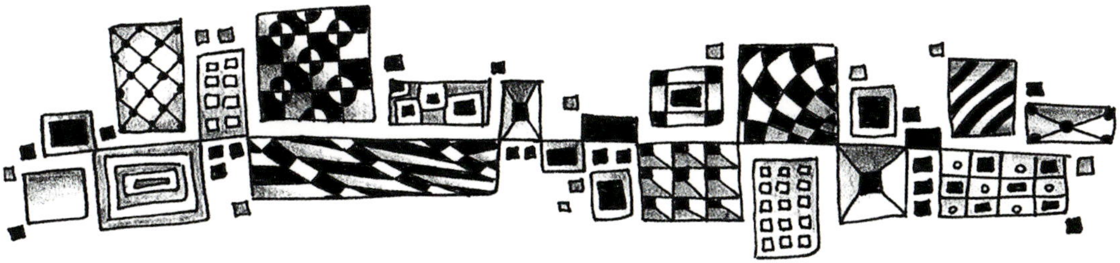

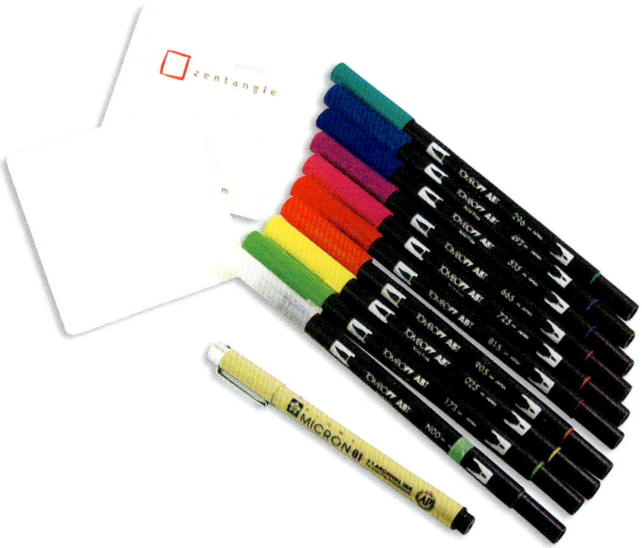

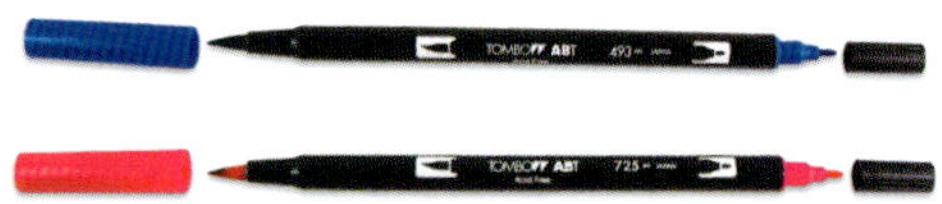

Pinsel-Filzstift: Tombow ABT Dual Brush Pen

Zentangle in Farbe

Farben bringen Freude in Ihr Zentangle, sie sorgen für Abwechslung und eine sinnliche Note. Klassische Tangles sind schwarz-weiß – aber ich liebe es, meinen Mustern bunte Farben zu geben. Die einfache Schönheit der Zentangle-Kunst regt mich immer wieder dazu an, den schwarzen Linien farbige Töne und Schattierungen hinzuzufügen.
Neben Buntstiften arbeite ich sehr gern mit Pinsel-Filzstiften, die neben einer festen Spitze für exakte Linien auch eine Pinselspitze für den flächigen Auftrag haben. Diese speziellen Faserstifte erhalten Sie im Fachhandel (online z. B. über www.boesner.com oder www. gerstaecker.de).

Das brauchen Sie für das Tangeln in Farbe

Pinsel-Filzstifte und Blender

Pinsel-Filzstifte, z. B. von Tombow (auf Wasserbasis) oder Copic (auf Alkoholbasis), eignen sich bestens zum Kolorieren. Ein farbloser Pinsel-Filzstift heißt Blender – damit können Sie mischen und schattieren.

Kunststoff-Mischpalette

Diese Mischpalette fertigen Sie sich selbst an, indem Sie durchsichtige dicke stabile Kunststofffolie (ca. 14 × 21 cm) auf weißes Papier kleben. Auf dem weißen Grund sind Farben gut erkennbar.

Zentangle-Kacheln

Auch für das Arbeiten mit Farben/Farbeffekte sind Zentangle-Kacheln (9 × 9 cm) sehr zu empfehlen (siehe S. 4). Das Kleinformat lässt sich gut mitnehmen, sodass Sie auch unterwegs tangeln können.

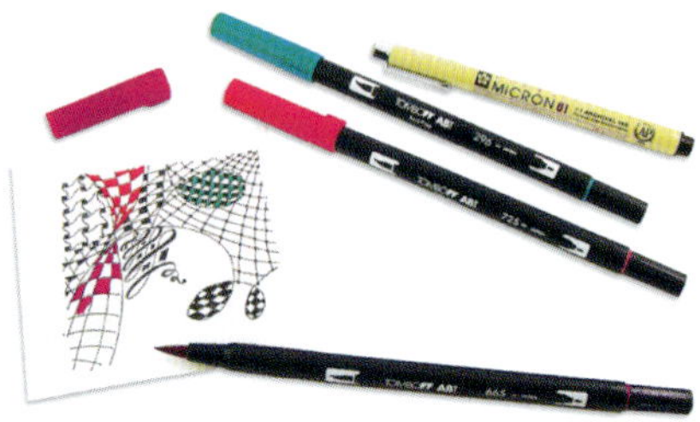

Kolorieren – Schritt für Schritt

1. Muster zeichnen

Zeichnen Sie ein Zentangle (siehe Seite 4 und 5), jedoch ohne Bleistift-Schattierung.

2. Direkt ausmalen

Füllen Sie einzelne Bereiche des Musters direkt mit Farbe aus. Achten Sie darauf, abwechslungsreiche, unterschiedlich helle Töne zu verwenden.

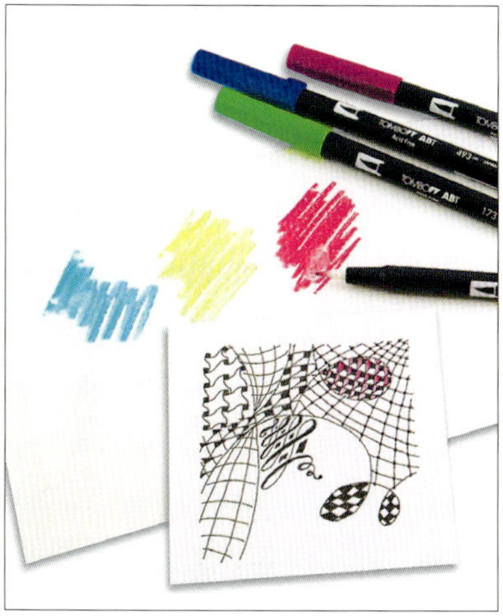

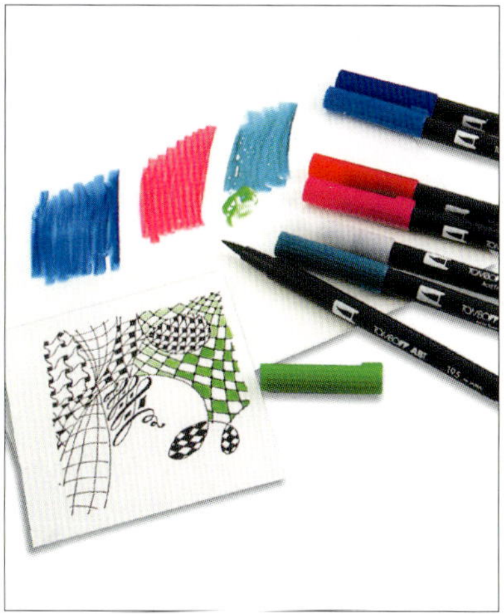

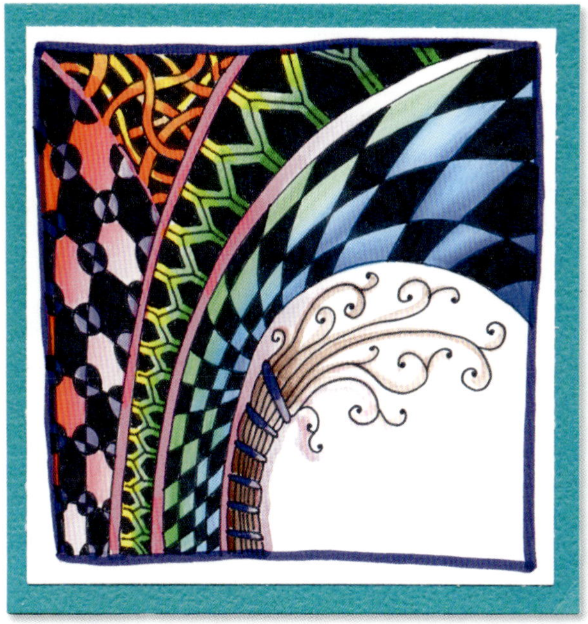

3. Farbe indirekt auftragen

Hierfür setzen Sie Farbflecken (ca. 3–5 cm Durchmesser) auf die Kunststoffpalette. Auf dem glatten Plastik trocknet die Farbe nicht ein, sondern bleibt feucht stehen.
Nehmen Sie mit der Pinselseite des Blenders ein wenig Farbe von der Palette auf. Tragen Sie die Farbe in der Zeichnung zunächst dort auf, wo die Töne am intensivsten sein sollen. Fahren Sie fort, bis das Muster ganz eingefärbt ist oder der Pinsel keine Farbe mehr hat.
Füllen Sie jeden kleinen Bereich jeweils zunächst nur mit einer Farbe. Widerstehen Sie der Versuchung, etwas nachträglich zu korrigieren.
Mit dieser Methode ist es ganz einfach, Farben von dunkel nach hell verlaufen zu lassen oder auch zu mischen, indem Sie eine Farbschicht über die darunterliegende auftragen.

4. Farbe mischen

Um Töne zu mischen, tragen Sie mit dem Pinsel-Filzstift eine dunkle Farbe auf die Kunststoffpalette auf. Dann wischen Sie mit einem helleren Pinselstift einfach quer durch den Farbfleck.

Die Farben mischen sich von selbst, wenn Sie mit dem Pinsel über das Papier streichen. Eine einzige »Farbladung« reicht für mehrere Striche. Je nachdem, welche Farbmengen Sie mit der Pinselspitze aufnehmen, erhalten Sie immer wieder andere Schattierungen.
Um den Pinsel zu reinigen, ziehen Sie ihn so lange über ein Schmierpapier, bis die Originalfarbe wieder sauber erscheint.

TIPP: Lassen Sie eine Farbschicht immer gut durchtrocknen, bevor Sie eine weitere auftragen. Achten Sie darauf, die Zeichnung nicht mit Farbe zu überladen, weil sich das Papier sonst wellt und Knötchen an der Oberfläche bekommt. Glattes Aquarellpapier reißt nicht so schnell auf.

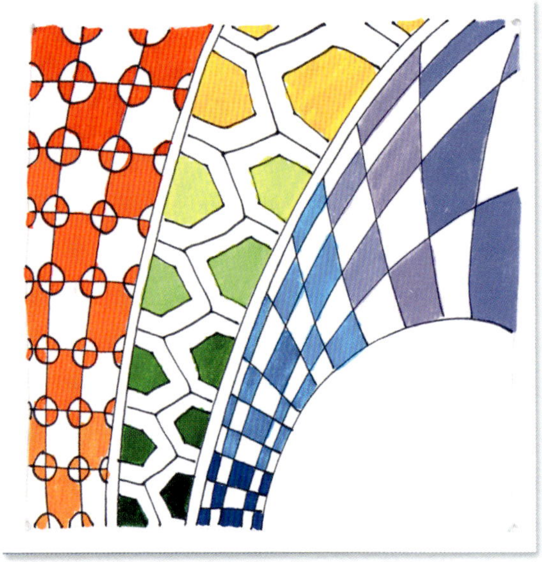

Direkte Farbgebung

Der eigenen Fantasie beim Ausmalen freien Lauf zu lassen, tut sehr gut. Wählen Sie eine Handvoll Farbtöne und füllen Sie die einzelnen Bereiche ganz gelassen aus – zunächst nur innerhalb der Linien.

Für den Entwurf links oben habe ich 16 Pinsel-Filzstifte in unterschiedlichen Farben verwendet. Zunächst habe ich mir überlegt, welche Felder farbig werden sollen und diese Zug um Zug koloriert. Der Farbverlauf ist so angelegt, dass die warmen (roten) Töne von links nach rechts in kühle (blaue) Töne übergehen.

TIPP: Ich mag es, wenn die Formen sich wie hier räumlich öffnen. Unten im Bild sind die Muster klein und dicht, während sie nach oben hin größer und weiter werden.

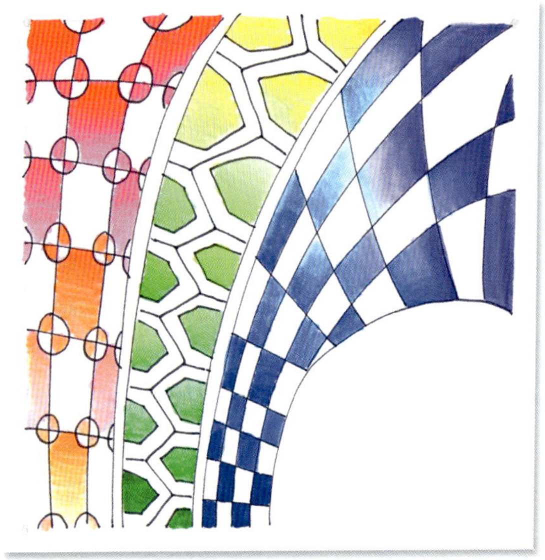

Indirekte Farbgebung und Mischen

Wenn es zu Ihrem Zentangle passt, dass die Farben in manchen Feldern schwächer werden oder elegant ineinanderfließen, ist diese Technik ideal. Geben Sie etwas Farbe auf Ihre Kunststoffpalette und übertragen Sie sie mit dem Pinsel des Blenders aufs Papier. So läuft der Farbton beim Malen allmählich aus.

Im Beispiel links unten habe ich 7 verschiedenfarbige Pinsel-Filzstifte, einen Blender und die Kunststoff-Mischpalette verwendet.

TIPP: Beim Mischen mit einem farbigen Pinsel-Filzstift auf der Palette ergeben sich automatisch immer neue Schattierungen und Farbverläufe.

Bordüren

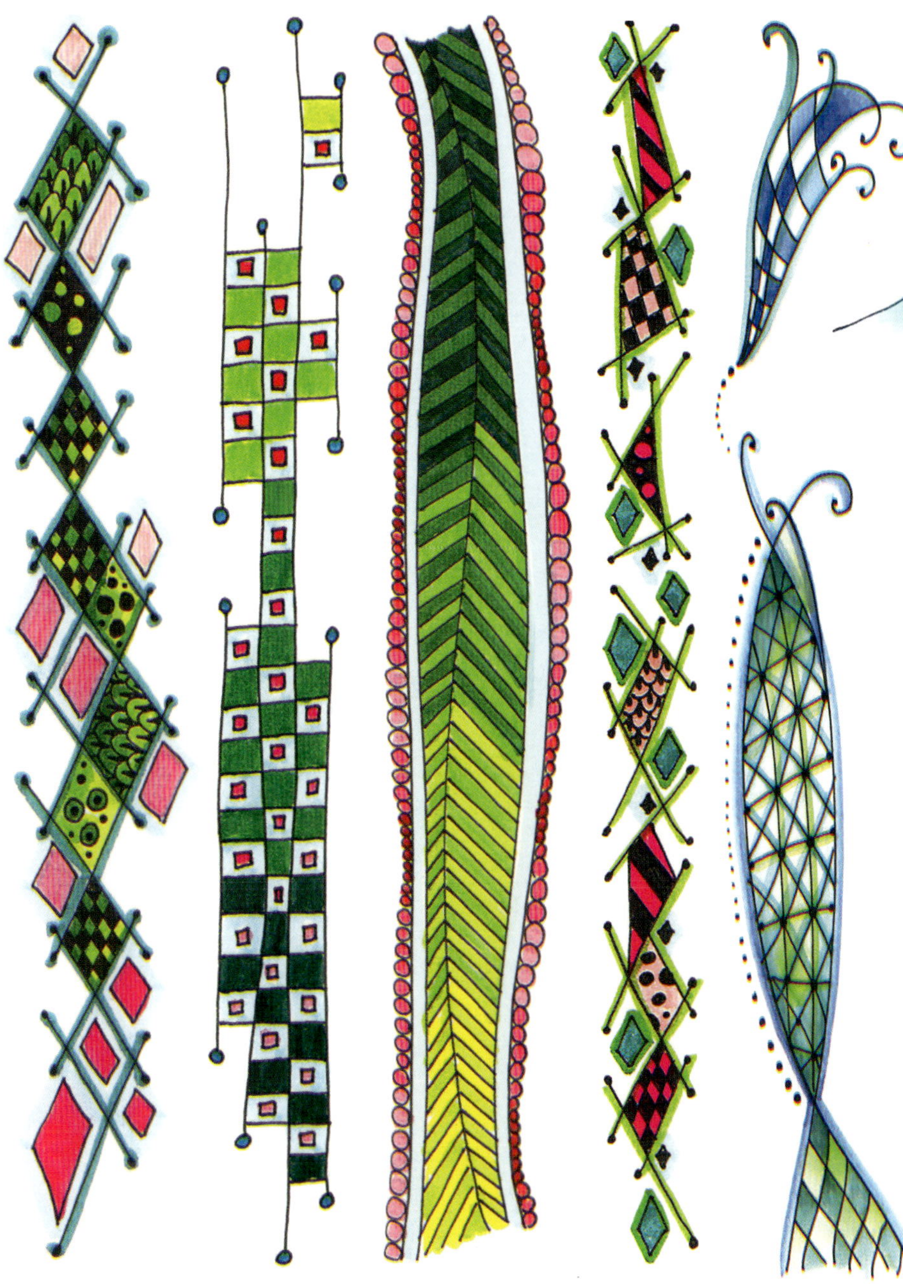

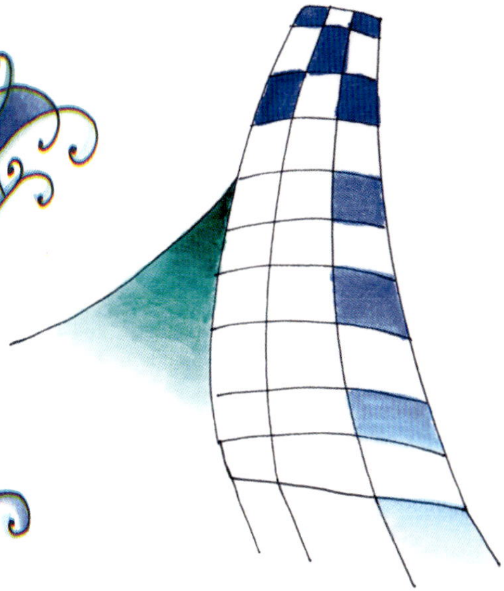

Bordüren sind viel mehr als nur eine Umrahmung für Ihr Tangle. Stellen Sie sich diese einmal als Tor zu einer verlockenden Welt vor. Bordüren laden uns ein, (mit dem Stift) über Grenzen hinauszugehen und nicht vor ihnen haltzumachen mit unserer Kreativität.
Also tangeln Sie sich mutig voran, und riskieren Sie ruhig etwas – das macht Sie umso fantasievoller.

Basics zur Farblehre

Das menschliche Auge ist in der Lage, etwa zehn Millionen verschiedene Farbtöne wahrzunehmen. Sie haben sich für ein Farbschema entschieden, wissen also, in welche farbige Richtung Ihr Zentangle gehen soll? Dann haben Sie immer noch die Wahl zwischen unzähligen Farbvarianten. Hier finden Sie ein paar Grundlagen, sodass Ihnen die Auswahl der „richtigen" Farbe leichter fallen wird und Ihr Werk gelingt. Die Farbtafel rechts zeigt einige Farbtöne und zugehörige Nummern der ABT Dual Brush Pens von Tombow.

Farbkreis

Primärfarben

Rot, Gelb und Blau sind die Primärfarben, weil sie sich nicht aus anderen Farben mischen lassen. Alle anderen Töne leiten sich aus diesen drei Grundfarben ab.

Sekundärfarben

Die Sekundärfarben Orange, Grün und Violett entstehen durch das Mischen von zwei Primärfarben.
Rot + Gelb = Orange / Gelb + Blau = Grün
Blau + Rot = Violett

Tertiärfarben

Diese Farben ergeben sich, wenn Sie eine Primärfarbe mit einer Sekundärfarbe mischen, z. B. Gelb mit Grün, Blau mit Grün oder Blau mit Violett.

Abtönen

Um weitere Farben zu kreieren, können Sie Farben mit Weiß, Grau oder Schwarz hell oder dunkel abtönen.

Harmonie der Farben

Ein ausgewogenes farbiges Ganzes empfinden wir als interessant und angenehm. Bilder, in denen die Farben nicht zueinanderpassen, wirken dagegen oft eintönig oder chaotisch. Der Grund dafür ist, dass das menschliche Gehirn nicht gern unstrukturierte Reize verarbeitet.

Wichtige Begriffe

Die folgenden Ausdrücke tauchen oft in Malanleitungen auf. Wenn Sie wissen, was damit gemeint ist, werden Sie Farbempfehlungen oder ein Farbschema besser verstehen.

Farbton oder Nuance

Das sind andere Bezeichnungen für eine bestimmte Farbe – Rot, Grün, Gelb, usw.

Farbhelligkeit

Hier geht es darum, wie dunkel oder hell eine Farbe erscheint. Rosa ist z. B. ein mit Weiß abgetöntes Rot, das heller wirkt als ein dunkles Bordeauxrot. Ein dunkler Ton liegt auf der Farbskala näher an Schwarz, weil er mehr Schwarzanteile hat.

Farbintensität

Diese Eigenschaft beschreibt, wie leuchtend oder matt eine Farbe ist. Scharlachrot und Ziegelrot sind z. B. ähnlich hell, aber unterschiedlich intensiv: Ziegelrot wirkt schwächer, weil es weniger gesättigt ist als Scharlachrot. Farben von hoher Intensität wirken besonders rein.

Kalte Farben

Blau, Grün und die neutralen Töne Weiß, Grau und Silber sind kalte Farben. Sie haben eine eher beruhigende Wirkung.

Warme Farben

Die warmen Farben – Rot, Gelb, Rosa und Orange – drücken oft Energie oder Leidenschaft aus.

Tombow ABT Dual Brush Pens: Farbnummern

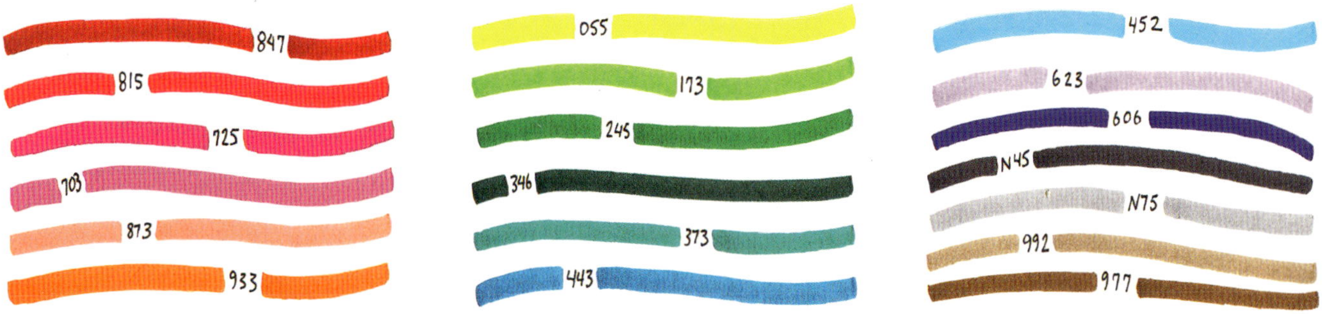

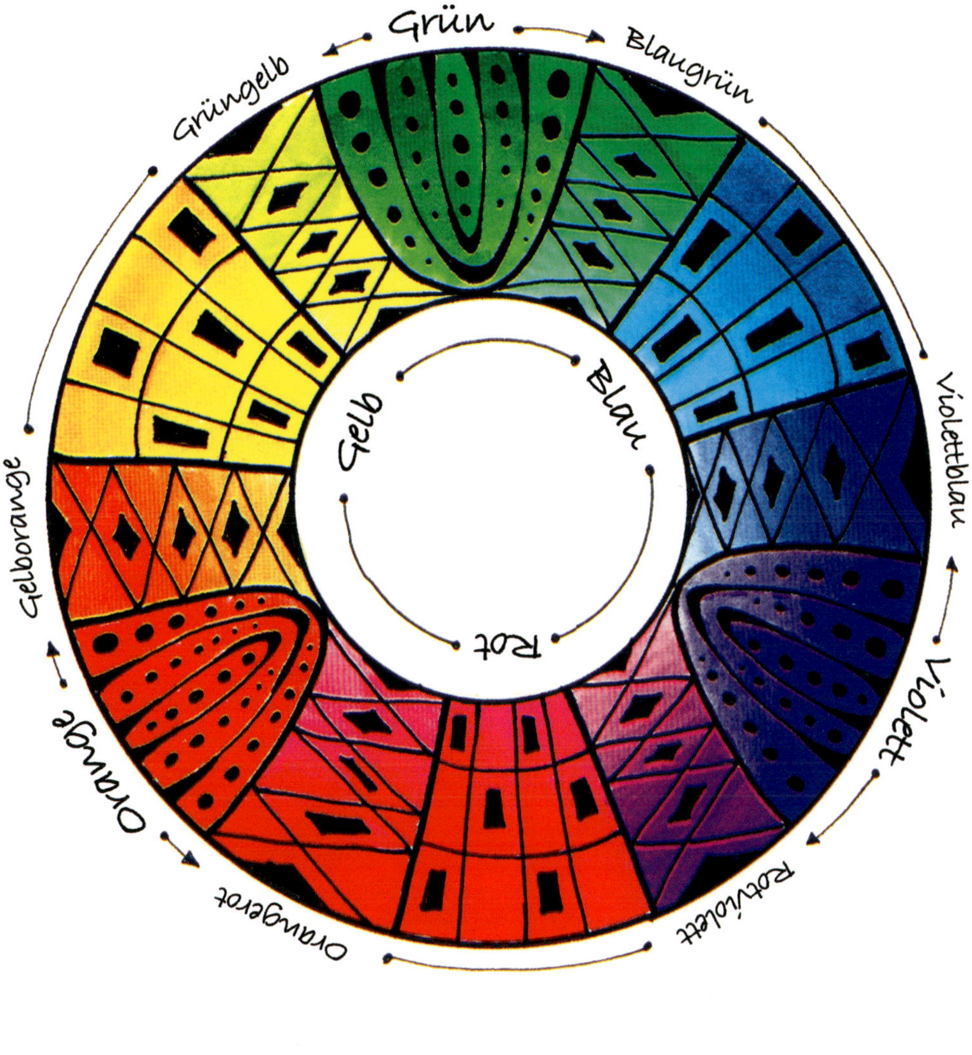

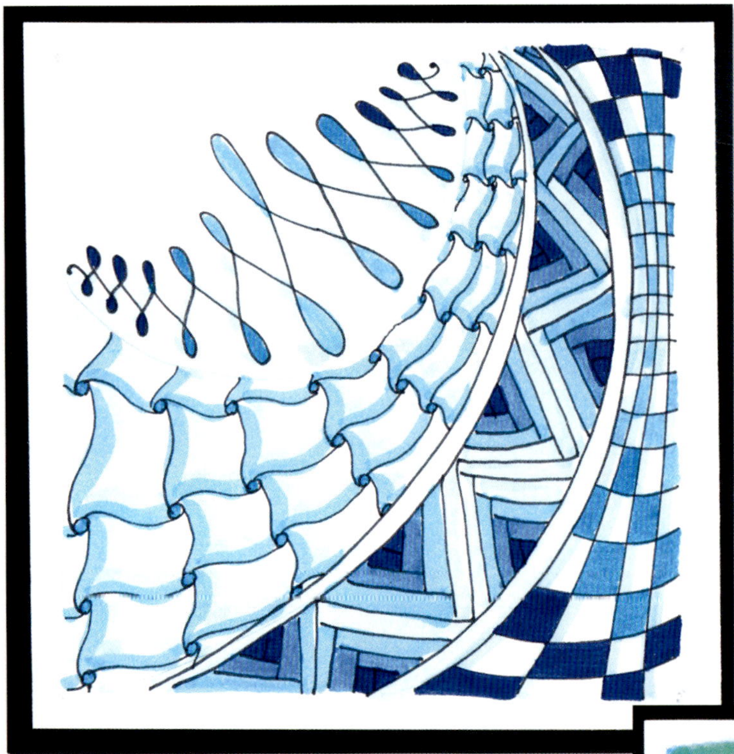

Farbschema

Hier stelle ich vier Farbkonzepte vor, die sich gut für Einsteiger eignen. Damit gestalten Sie Ihr koloriertes Tangle geübt und ansprechend.
Das einfarbige (monochrome) Farbschema bringt Klarheit ins Muster. Benachbarte Farben wirken beruhigend, während Komplementärfarben Spannung im Bild erzeugen. Neutrale Töne passen gut zu geschwungenen Elementen, können geometrischen Formen aber auch eine technische Note geben.

Monochrome Farbgebung

Dieses Schema benutzt mehrere Nuancen der gleichen Farbe. Es ist einfach umzusetzen, also gut für den Anfang! Oben habe ich unterschiedliche Blautöne verwendet, die Gelassenheit und Ruhe ausstrahlen.

Benachbarte Farben

Hier arbeiten Sie mit drei auf dem Farbkreis nebeneinanderliegenden Farben, die grundsätzlich immer harmonieren, wie z. B. Gelbgrün, Grün und Blaugrün.

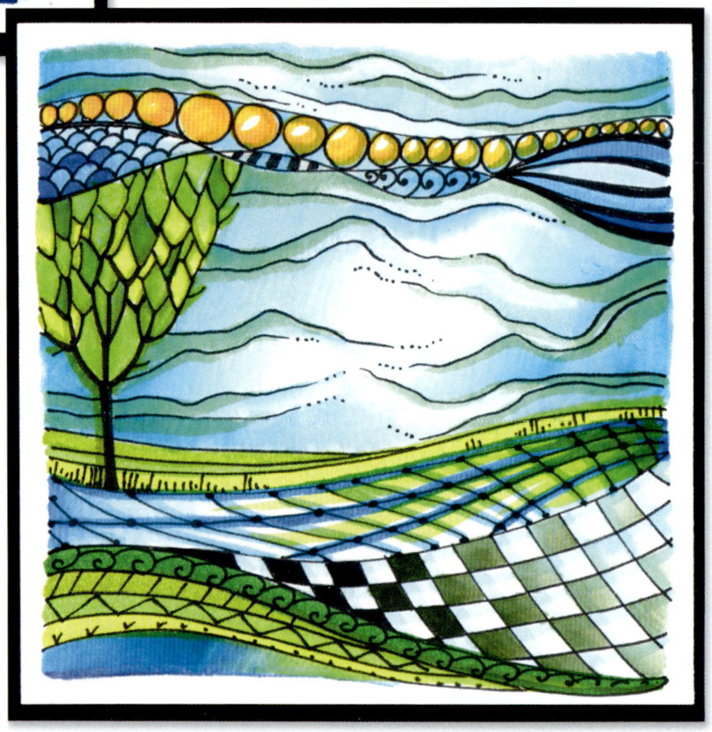

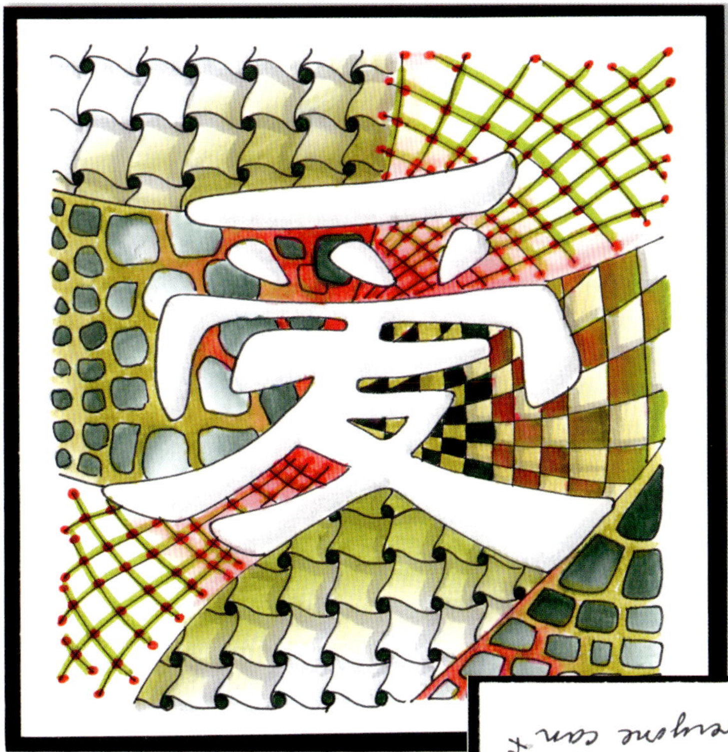

Komplementärfarben

Komplementär, das heißt, sich ergänzend, sind die beiden Farben, die sich im Farbkreis gegenüberliegen. Jede warme Farbe hat eine kalte Komplementärfarbe.
Tangles mit Komplementärfarben wirken spannungsreich und erzeugen Aufmerksamkeit, weil Gegensätze in ihnen aufeinandertreffen.
Die Rot- und Grüntöne links halten sich im Gleichgewicht und erwecken zusammen einen ansprechenden Eindruck.

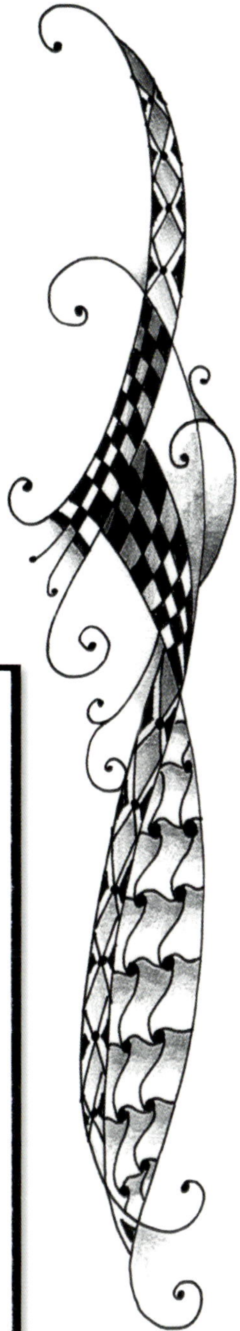

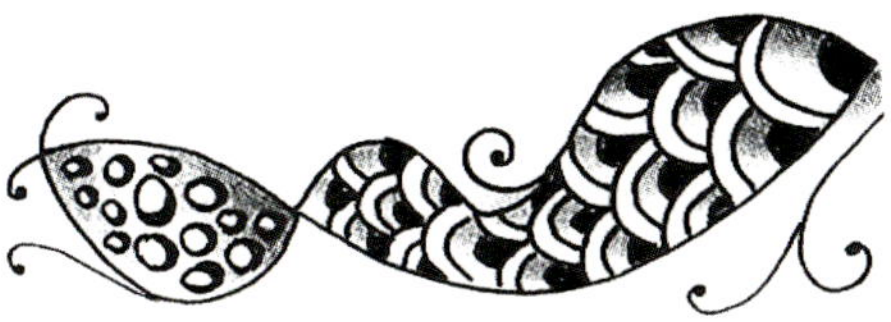

Neutrale Töne

Schwarz, Weiß, Braun und Grau sind neutrale Farbtöne. Klassische schwarz-weiße Zentangles mit grauen Schattierungen sind Beispiele für das neutrale Farbschema.

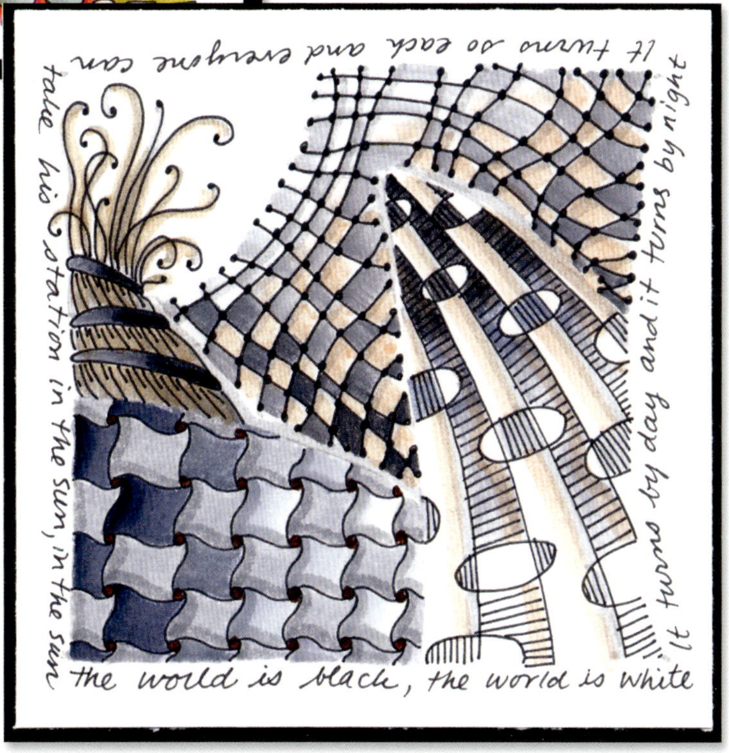

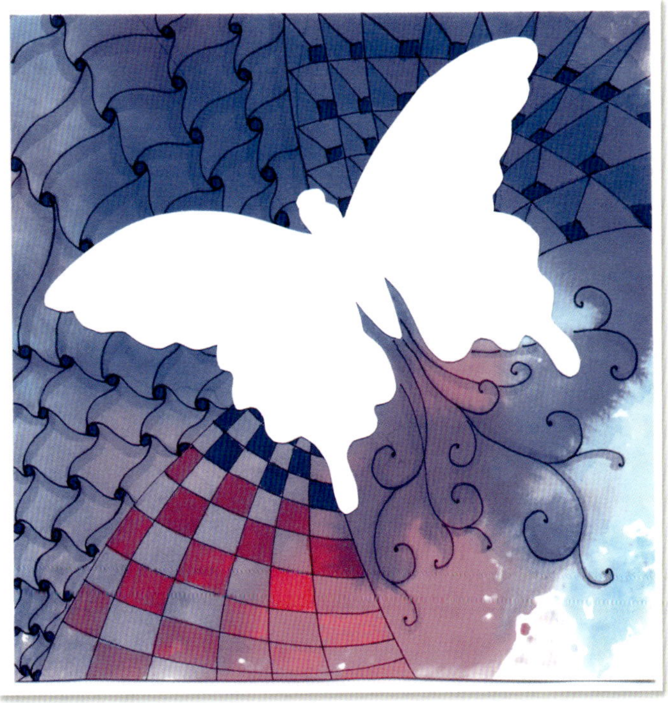

Farbverläufe im Hintergrund

Bereit für Überraschungen? Farbige Hintergründe mit Farbverläufen, die an Aquarelle erinnern, sind einzigartig und lassen sich prima mit Ihren Lieblingsmustern betangeln. Experimentieren Sie, und freuen Sie sich auf hinreißende Ergebnisse!

Farbige Hintergründe – Schritt für Schritt

TIPP: Aussparungen

Ein nützlicher Kreativtipp vorneweg: Überlegen Sie, bevor Sie mit der Farbe loslegen, ob einzelne Bereiche des Hintergrunds vielleicht weiß bzw. von Farbe frei bleiben sollen wie im Beispiel links. Für dieses Vorgehen, befestigen Sie eine ausgeschnittene oder gestanzte Form auf Ihrem Arbeitspapier, bevor Sie die Farbe auftragen. Entfernen Sie diesen Schutz erst wieder, wenn die Farbe vollständig getrocknet ist.

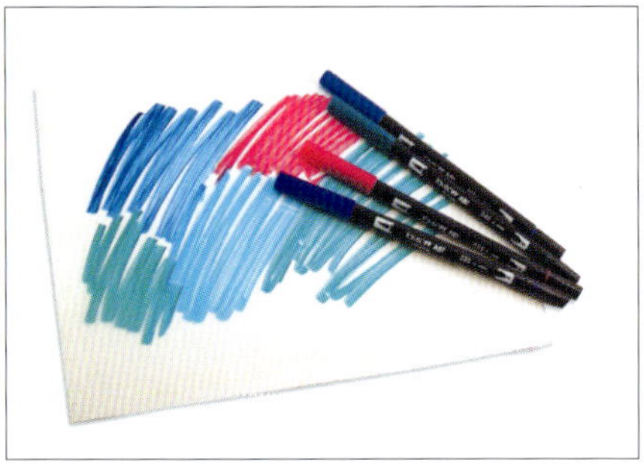

1. Farbe auftragen
Bemalen Sie Ihre Druckplatte aus Kunststoff (siehe Seite 15) mit Farbe.

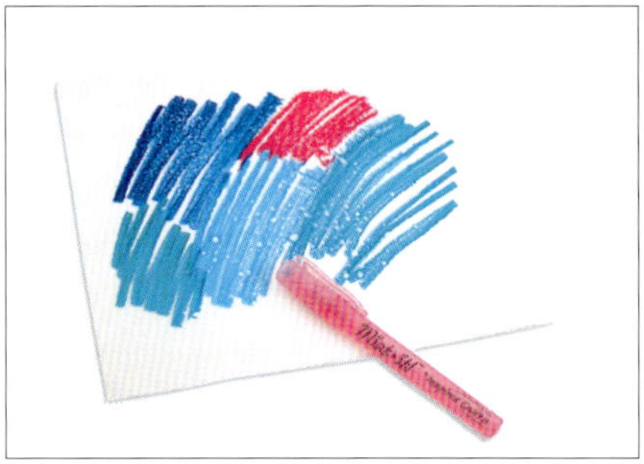

2. Wasser hinzugeben
Spritzen Sie Wasser auf die Farbe.

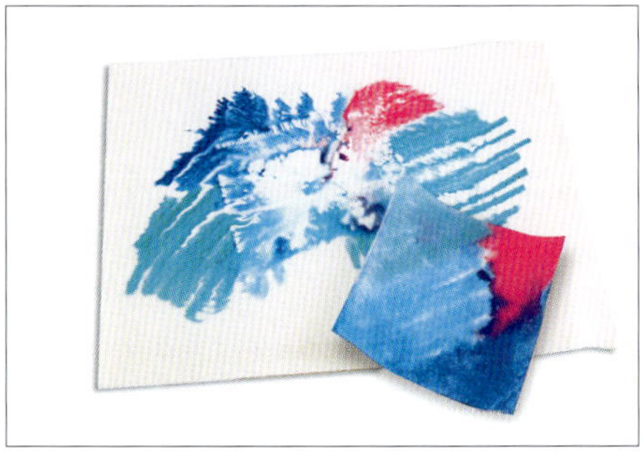

3. Drucken
Legen Sie Papier auf, pressen Sie es fest an und nehmen Sie es wieder ab.

Druckplatte

Als Druckplatte verwende ich eine durchsichtige, dicke stabile Kunststofffolie (ca. 21,5 x 28 cm, das reicht auch für größere Formate). Zum Abwischen sind Papiertücher praktisch.

Arbeiten mit der Druckplatte

- Bemalen Sie die Druckplatte flächig mit wasserlöslichen Pinsel-Filzstiften.
- Bespritzen Sie die Farbe auf der Platte mit Wasser.
- Legen Sie Papier mit der Oberfläche, auf der Sie zeichnen wollen, auf die Farbe, pressen Sie von hinten fest darauf und entfernen Sie es vorsichtig wieder. Lassen Sie den Druck vollständig trocknen.
- Sie können das Papier auch vorher mit Wasser anfeuchten oder mehrfach bedrucken. So lässt sich eine Vielzahl ungewöhnlicher Farbverläufe kreieren.

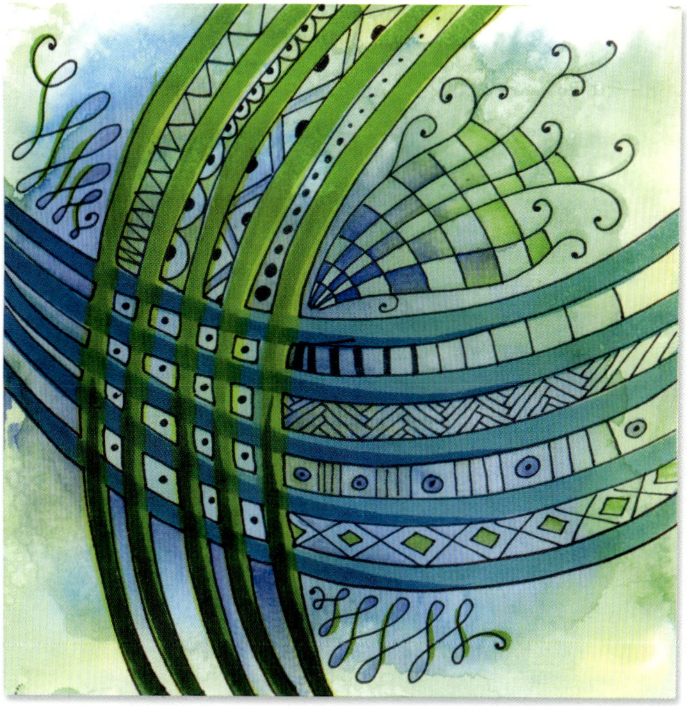

Kreative Variation – Effekte mit Salz

Gehen Sie, wie in den ersten drei Punkten oben beschrieben, vor.

- Streuen Sie Salz auf das noch nasse, bedruckte Papier. Jetzt nicht mehr daran rühren, bis alles getrocknet ist!
- Streifen Sie das Salz vorsichtig ab: Es kommen interessante Strukturen zum Vorschein.

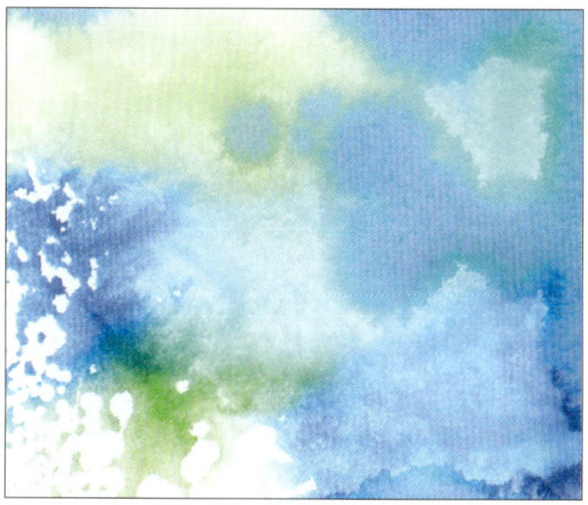

Einmal bedrucktes Papier

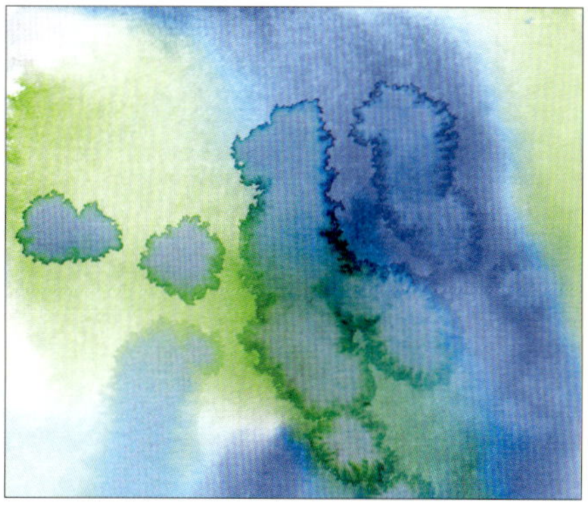

Zweimal bedrucktes Papier

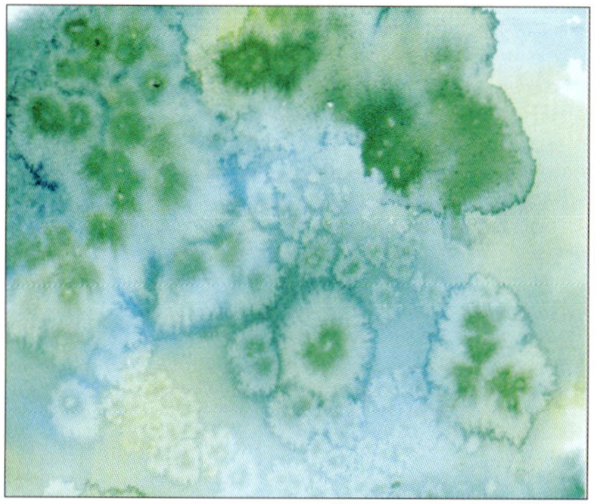

Salzeffekte

Sprühtechnik mit Schablone

Mit metallisch schimmernder Sprühfarbe auf Wasserbasis und Deko-Schablonen lassen sich wunderschöne Hintergründe gestalten. Die Umrisse der Schablone dienen als Strings für Ihre Tangle-Muster.

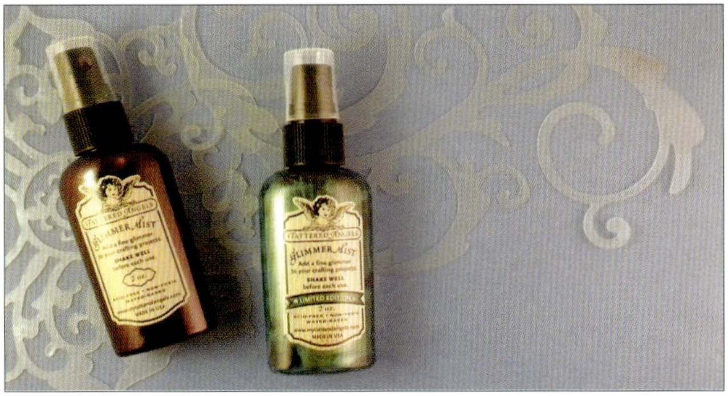

Glimmer Mist und Glimmer Screens (Schablonen) von Tattered Angels

Sprühtechnik – Schritt für Schritt

1. Platzieren der Schablone

Platzieren Sie eine Schablone auf weißem Zeichenkarton. Sie müssen sie nicht extra befestigen.

2. Sprühen

Schütteln Sie das Farbspray (z. B. von Tattered Angels oder Heidi Swapp) gründlich vor Gebrauch – schräg halten, damit die Sprühdüse nicht verklebt! Sprühen Sie dünn über die Schablone.

3. Mit der Schablone gestalten

Heben Sie die Schablone ab und legen Sie sie an anderer Stelle oder überlappend wieder auf das Papier. Dünn mit dem gleichen Farbton wie eben oder einem anderen Ton übersprühen.

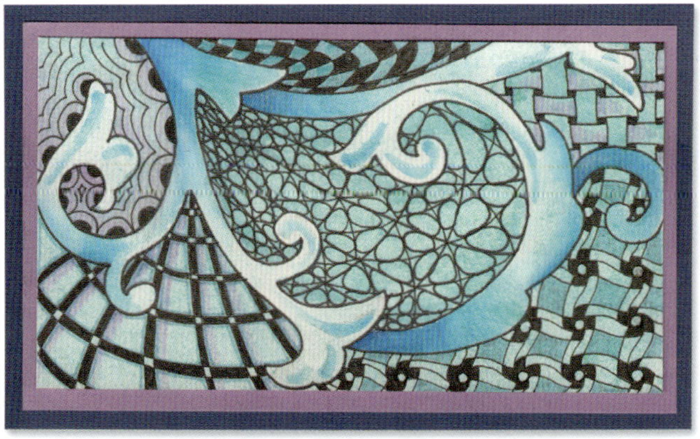

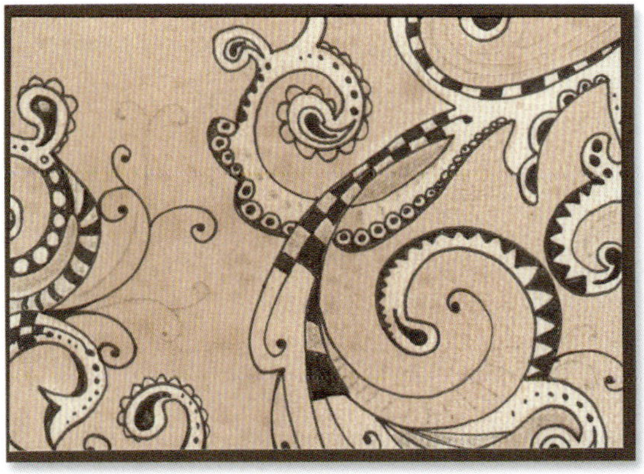

Gesprühtes Muster in Sepia

4. Trocknen lassen

Heben Sie die Schablone erneut ab. Jetzt besprühen Sie das Papier noch einmal direkt mit einer Farbe. Lassen Sie alles gut trocknen.

5. Konturen zeichnen

Auf dem getrockneten Papier ziehen Sie die Konturen der Felder, die sich auf dem Blatt ergeben haben, mit schwarzem Fineliner nach. Anschließend können Sie zwischen den Schablonenfeldern tangeln (wie links) oder direkt hineinzeichnen (wie oben).

TIPP: Es sieht schön aus, die Muster zusätzlich mit wasserlöslichen Pinsel-Filzstiften zu kolorieren.

Im Zentangle-Flow

Worauf wir unsere Aufmerksamkeit richten, bestimmt, was wir wahrnehmen. Zentangles helfen uns dabei, Leistungsdruck und Stress im Alltag zu entfliehen. Lassen Sie sich beim Zeichnen darauf ein, wohin Sie das Muster mit jedem neuen Strich führt. Das setzt nicht geahnte kreative Energien frei. Erleben Sie, wie Ihre Tangles sich beinah von selbst zeichnen: Die Muster fließen aus Ihnen heraus, statt etwas von Ihnen Getrenntes zu sein. Spielerisch schöpferisch ergeben sich nicht nur wundervolle Motive, sondern das Tangeln verhilft Ihnen auch zu einem besonderen Glücksmoment.

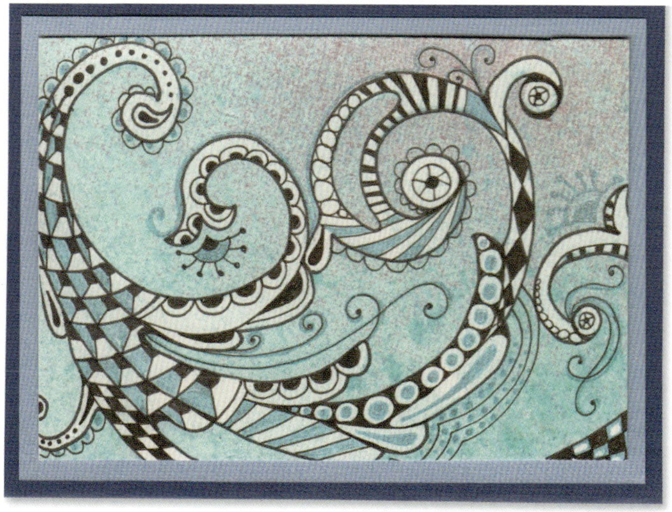

Ideengalerie – Sprühtechnik

Ich habe mit schwarzem Fineliner auf goldenem Glimmer Mist gearbeitet und mit Pinsel-Filzstiften in nur zwei Farben schattiert.

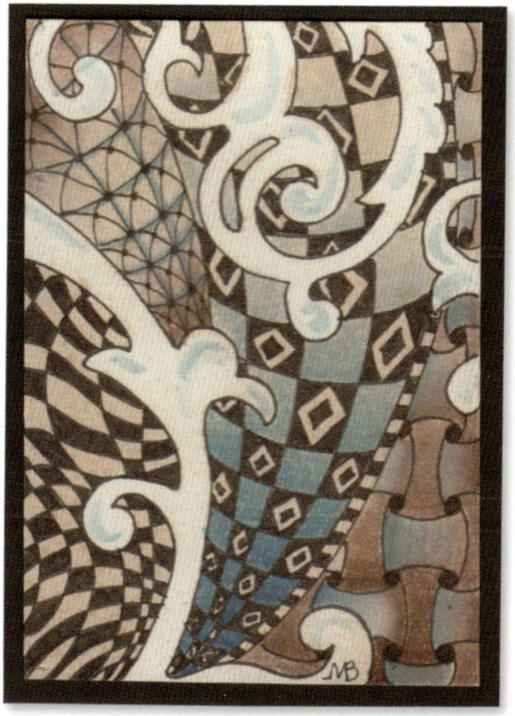

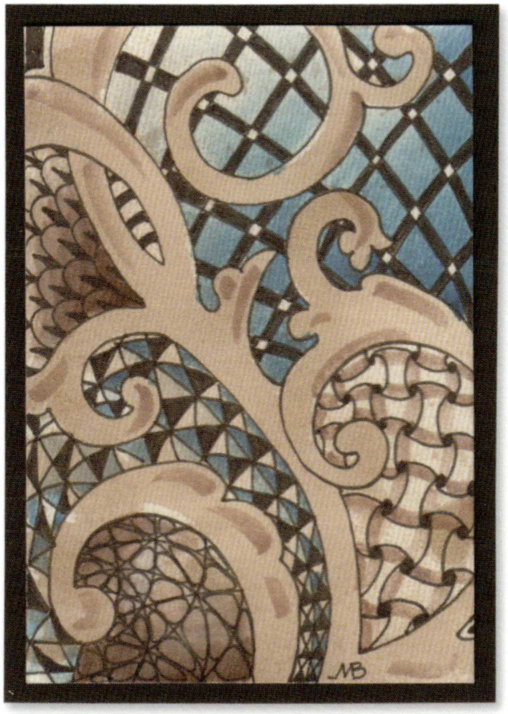

Sprühtechnik mit Buchstabenstickern

Selbstklebende Buchstaben eigenen sich bestens als Schablonen. Was möchten Sie gestalten: eine Grußkarte, Initialen, Ihr Lebensmotto oder einen inspirierenden Leitsatz?

Kleben Sie die Buchstaben auf glatten Zeichenkarton – ohne sie fest anzudrücken. Sprühen Sie mit Schimmerspray auf Wasserbasis darüber. Die meisten Sticker lassen sich danach leicht wieder ablösen.

TIPP: Testen Sie vorher, ob die Aufkleber das Papier beim Abziehen zerreißen. Versuchen Sie nicht, das Papier im Backofen oder mit dem Föhn zu trocknen – sonst bleiben Klebereste zurück!

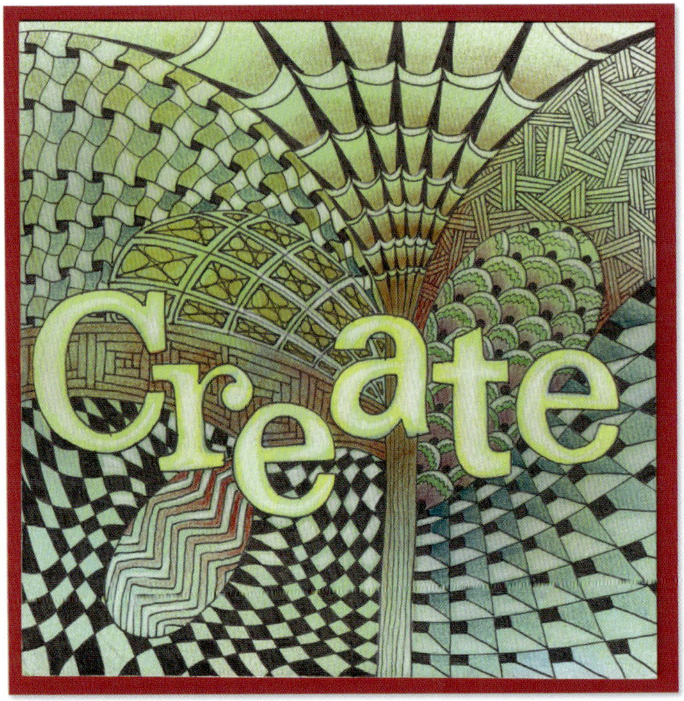

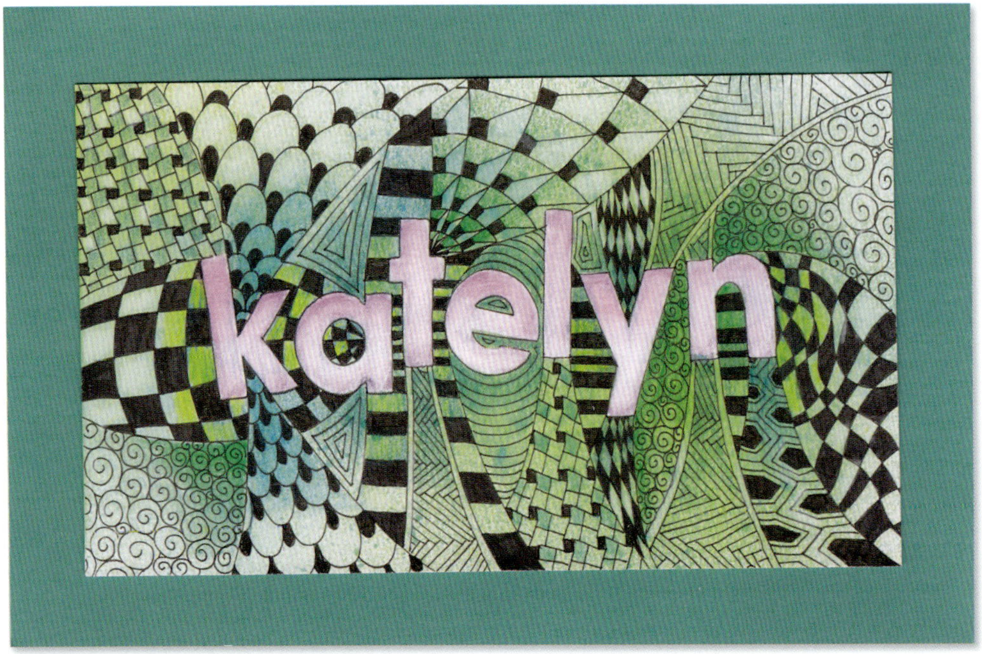

Für beide Bilder auf dieser Seite habe ich glatten weißen Zeichenkarton, Buchstabensticker und Glimmer Mist in Hellblau und Hellgrün verwendet.
Die Tangles sind mit schwarzem Fineliner gezeichnet und mit Buntstiften schattiert. Bei »Create« betont weißer Buntstift die Buchstaben und einige Stellen im Muster.

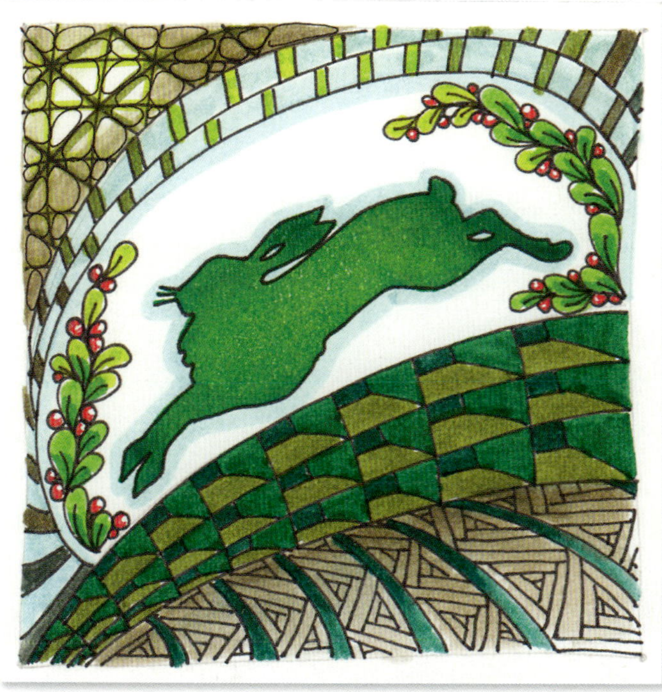

Gestempelte Motive

Stempel sind ein schöner Ausgangspunkt für Ihre Tangles. Probieren Sie es aus!
Ich habe mein Motiv auf weißen Zeichenkarton in die Mitte gestempelt und farbenfrohe Muster darum herumgezeichnet.

Ideengalerie – Stempeltechnik

Karte mit Hasenmotiv

Den Hasen habe ich mit schwarzem Fineliner umrandet, die Tangels mit Pinsel-Filzstiften koloriert. Sehen Sie, wie die Komplementärfarben Rot und Grün sich im Bild ergänzen und gegenseitig steigern? Und wie die hellblaue Umrandung die Konturen weicher wirken lässt?

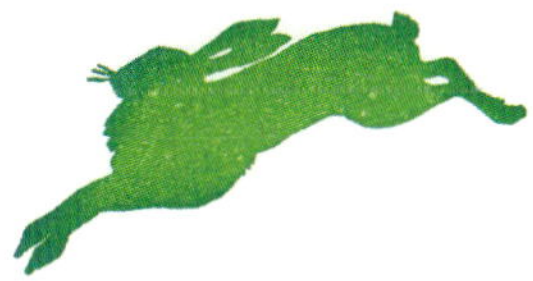

Karte mit kalligrafischer Verzierung

Hier brauchen Sie zuerst einen Hintergrund in verlaufenem Violett, Rosa und Blau (siehe Seite 14). Darauf kommt der Hasen-Stempel, den ich mit grünem Tombow Brush Pen eingefärbt habe. Setzen Sie Strings, umranden Sie die Tierkontur und zeichnen Sie darum dann Ihre Tangle-Muster mit schwarzem Fineliner. Den Abschluss bilden zarte Farbeffekte mit Pinsel-Filzstift und die Schrift.

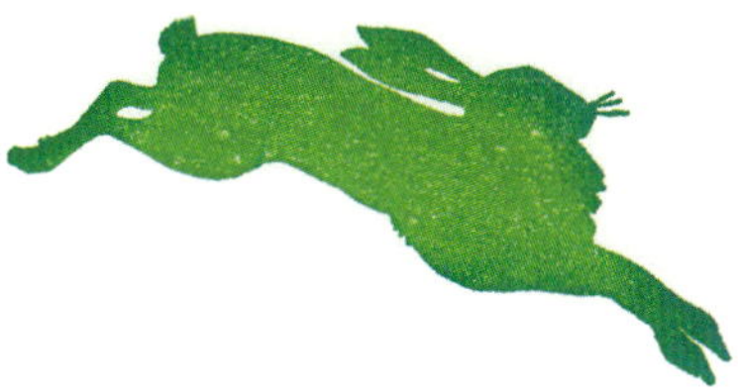

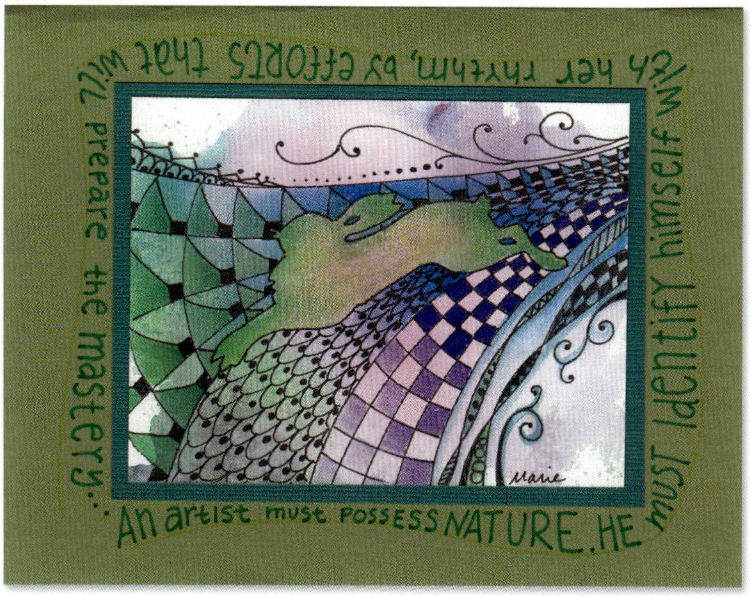

Techniken für Buntstifte

Buntstifte sind ein herrlich einfaches Hilfsmittel, um Ihr Zentangle zu kolorieren. Mit hochwertigen Stiften (z. B. von Faber-Castell, Koh-i-Noor oder Tombow) fällt das Arbeiten leichter – und die Farbenpracht hält länger.

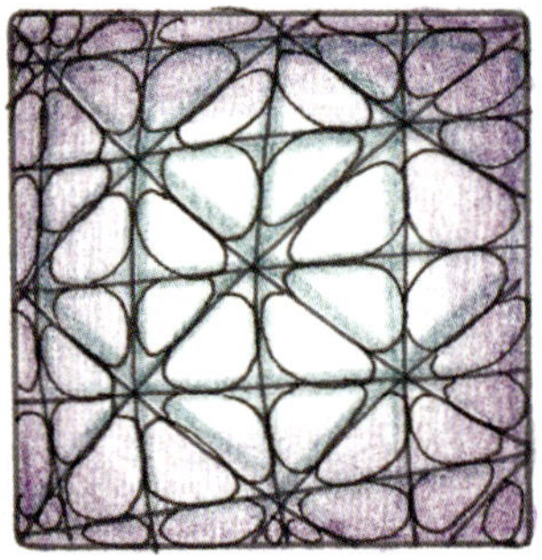

Beispiel 1

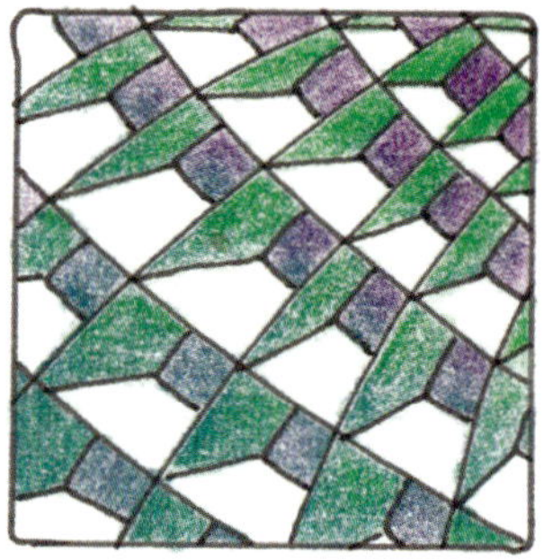

Beispiel 2

Schattieren mit Buntstiften

Beispiel 1: Wenn Sie ein Muster nach außen hin stärker und in einem dunkleren Farbton schattieren als im Zentrum der Zeichnung, entsteht eine plastische Wirkung. Außerdem können Sie die Linien des Musters mit Buntstift nachziehen und so verschwommen farbig hervorheben.

Beispiel 2: Oder Sie schattieren jeweils einzelne Felder innerhalb des Tangles. Natürlich lassen sich die verschiedenen Methoden auch kombinieren, je nachdem, wie es gerade passt – hier gibt es zum Glück kein Richtig und kein Falsch!

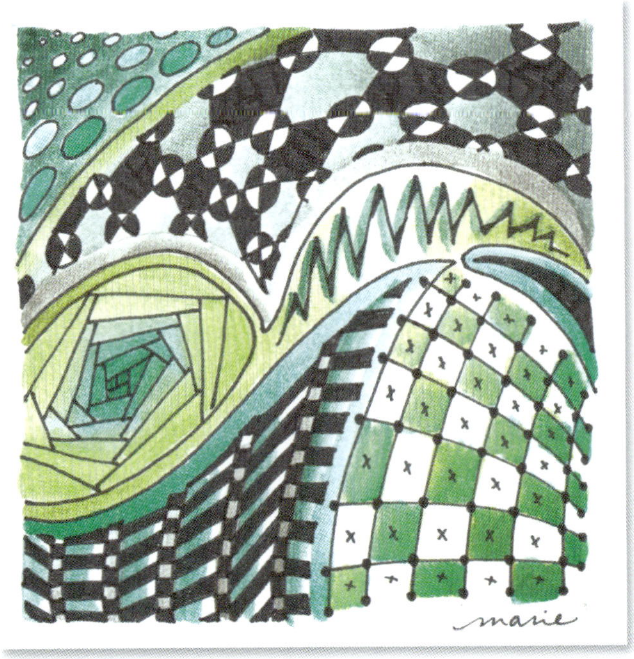

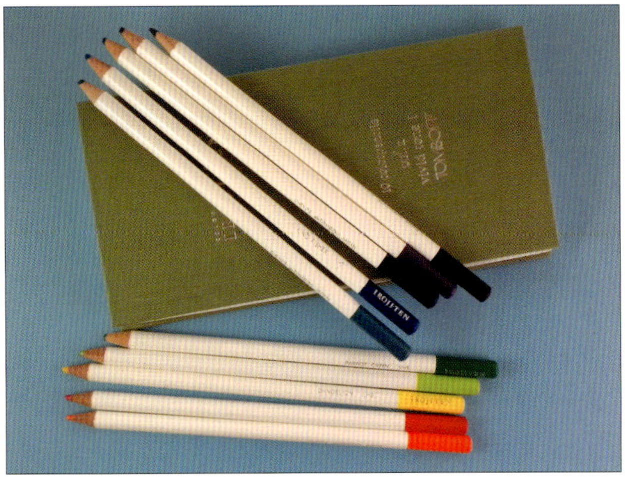

Hochwertige Buntstifte aus Zedernholz: Irojiten von Tombow

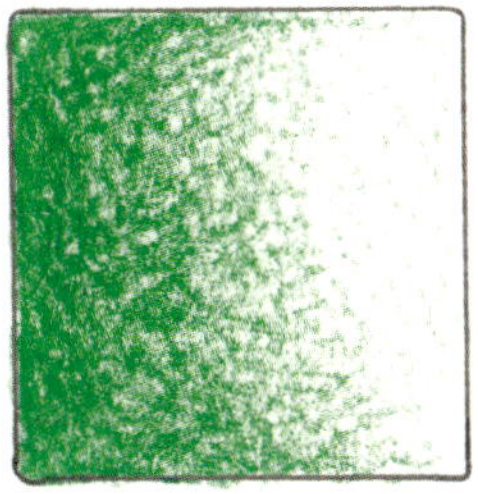

Rauer Malgrund

Auf rauem Grund, z. B. auf grobem Aquarellbütten, sollten Sie den Buntstift beim Schattieren flach halten. Je mehr Druck Sie ausüben, desto dunkler wird der Farbton. Arbeiten Sie in Schichten: zuerst leicht und hell, dann in kräftigeren Nuancen. Die raue Oberfläche verleiht der Schattierung eine körnige Struktur.

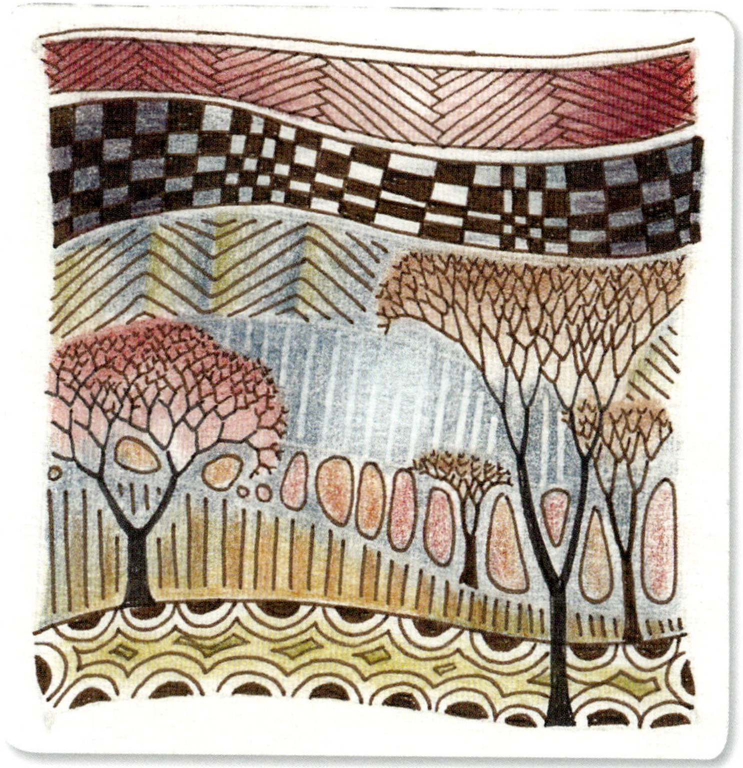

Schattierung mit Buntstiften in Herbstfarben

Glatter Malgrund

Auf glattem Papier, wie z. B. einer Zentangle-Kachel, wirkt das flächige Schattieren viel feiner. Die Buntstiftstriche werden noch gleichmäßiger, wenn Sie die Farbe mit einem Blender (Pinsel-Filzstift ohne Farbe, siehe Seite 7) verwischen.

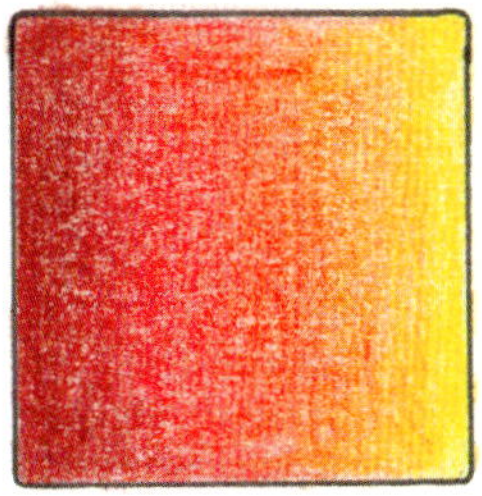

Farbverläufe

Weiche Übergänge entstehen durch das behutsame Übereinanderlegen von Farbschichten. Hier habe ich mit Buntstiften in Dunkelrot, Rot, Orange und Gelb auf einer Zentangle-Kachel schattiert.

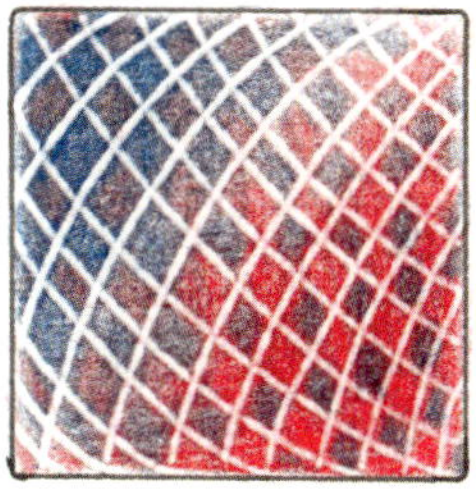

Prägemuster

Die Prägetechnik eignet sich für glatte wie für raue Papiere. »Zeichnen« Sie mit einem Embossingstift (erhältlich im Bastelgeschäft oder im Internet) oder einfach mit einem leeren Kugelschreiber ins Papier und drücken Sie dabei kräftig auf. Schattieren Sie dann farbig darüber: Die eingedrückten Linien bleiben weiß stehen.

Embossingstift

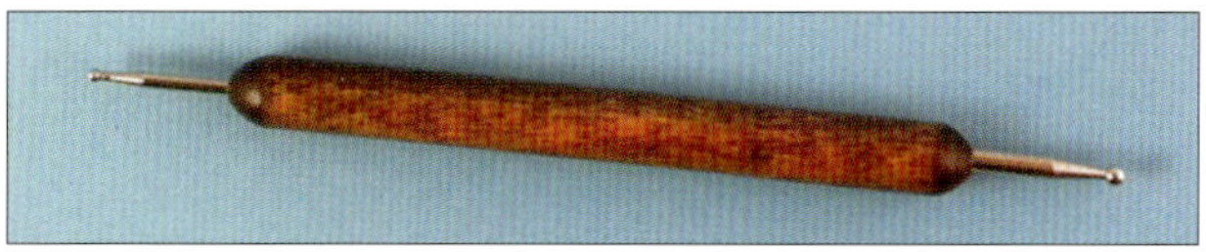

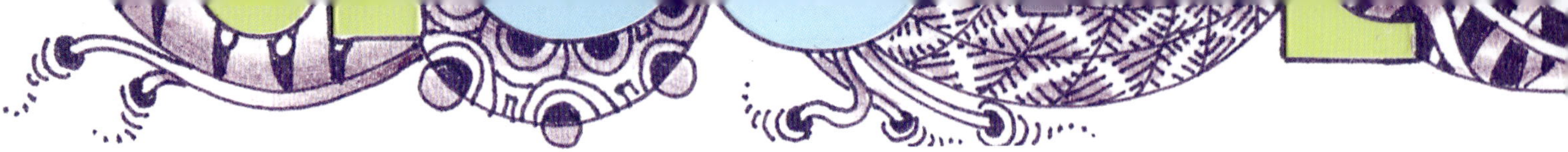

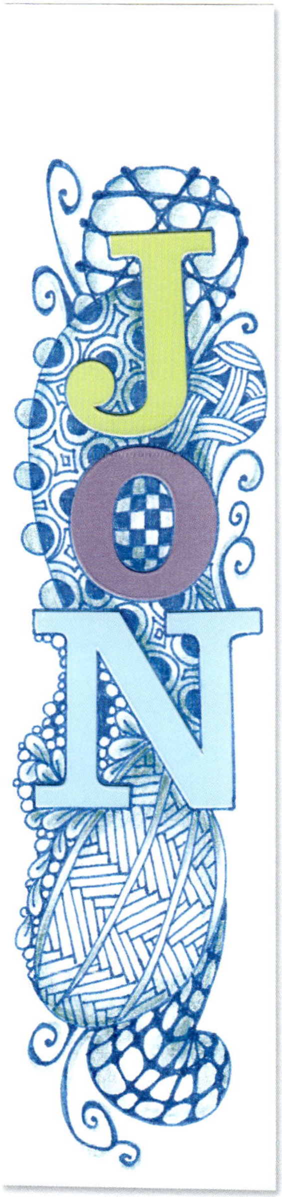

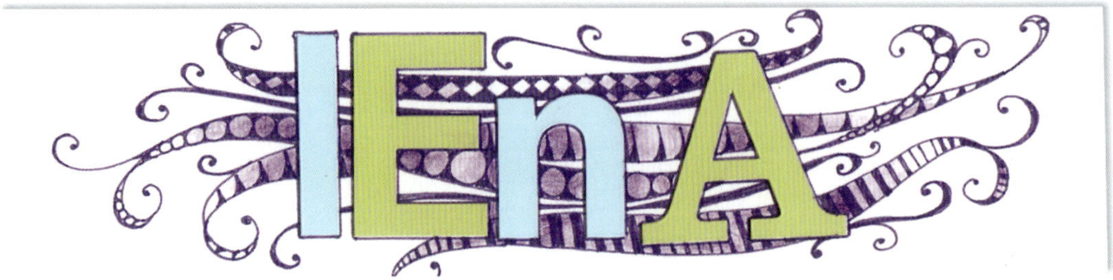

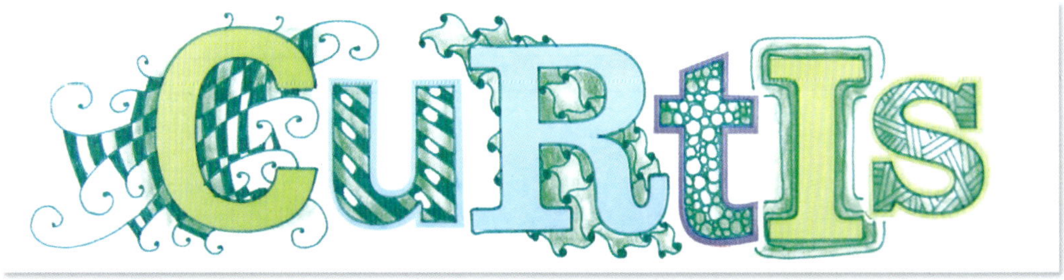

Zeichnen mit farbigen Finelinern

Lesezeichen

Den eigenen Namen behutsam gestaltet zu sehen, gibt uns das Gefühl, geliebt zu werden. Anders als eine Postkarte ist ein Lesezeichen etwas für den täglichen Gebrauch. Jedes Mal, wenn Ihre Lieben es benutzen, werden sie lächeln und an Sie denken. Schmücken Sie dieses persönliche Geschenk mit wundervollen Farben und absolut umwerfenden Mustern.

Für die Zentangle-inspirierten Lesezeichen brauchen Sie farbige Buchstabensticker und ein Stück glatten Zeichenkarton. Zeichen Sie mit dem Bleistift Strings um die aufgeklebten Buchstaben herum. Die Muster zeichnen Sie mit farbigen Finelinern. Schattieren können Sie mit Buntstiften oder Pinsel-Filzstiften.

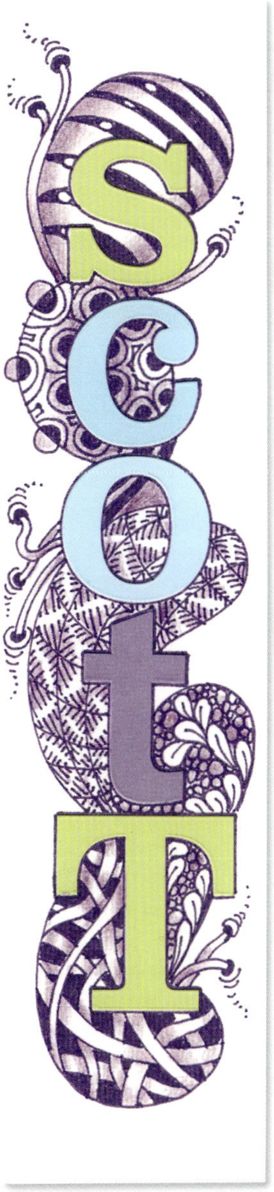

Farbige Fineliner

Ein Farb-Zentangle müssen Sie nicht mit schwarzem Fineliner anlegen. Sie können auch direkt farbig zeichnen! Ich bevorzuge die farbigen Micron-Stifte von Sakura – Sie können selbstverständlich auch auf farbige Permanentmarker eines anderen Herstellers zurückgreifen – mit feiner Spitze, deren Tinte nicht verschmiert, wenn ich das Muster anschließend weiterbearbeite.

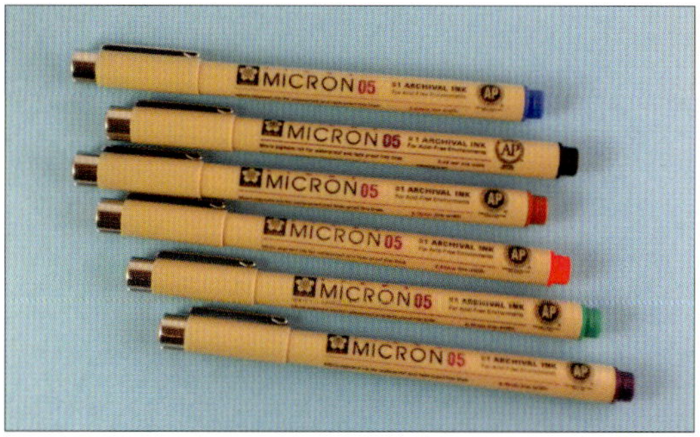

Farbige Fineliner von Sakura

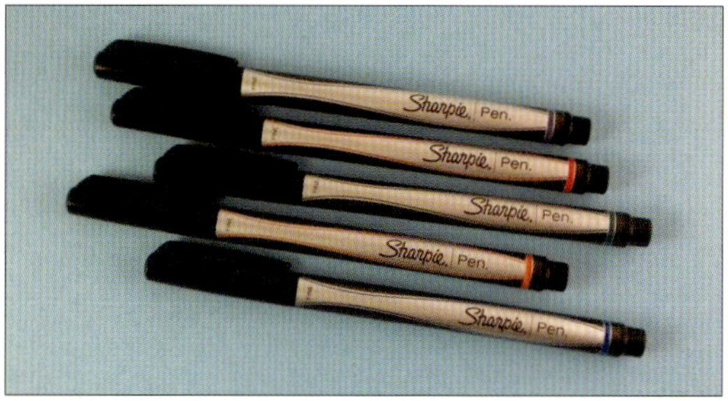

Farbige Fineliner von Sharpie

Bunte Muster

Für das Zentangle-Lesezeichen rechts habe ich ausschließlich farbige Fineliner verwendet. Das bunte, dennoch sehr harmonische Farbschema wirkt ausgesprochen raffiniert.

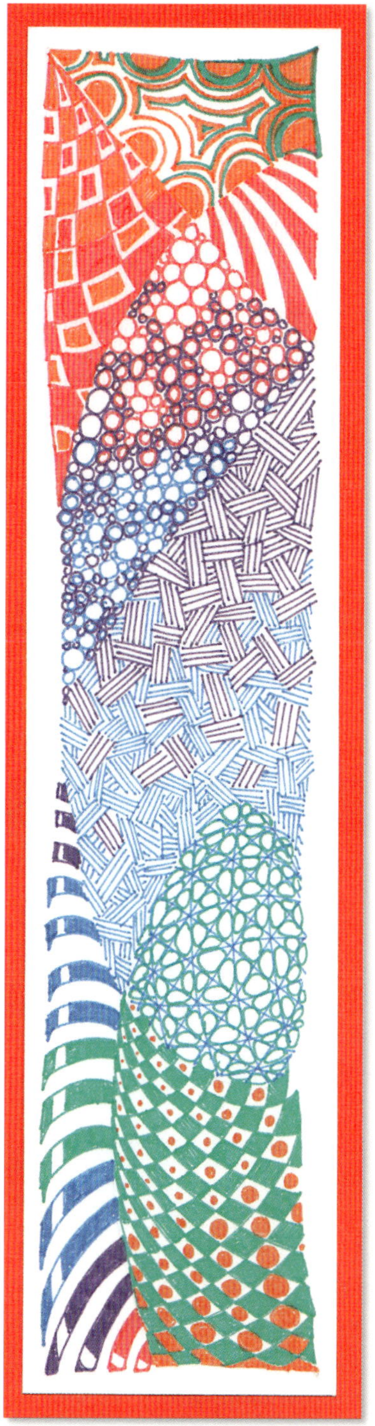

Effekte mit Glitzer-Gelstiften

Mit Glitzer-Gelstiften (z. B. von Sakura oder Idena®) verleihen Sie Ihren Tangle-Kreationen neuen Glanz, egal ob Sie ganze Felder ausmalen oder nur einzelne Linien nachziehen. Die Glitzerfarbe wirkt auch auf schwarzem Papier oder schwarz ausgemalten Feldern fantastisch.

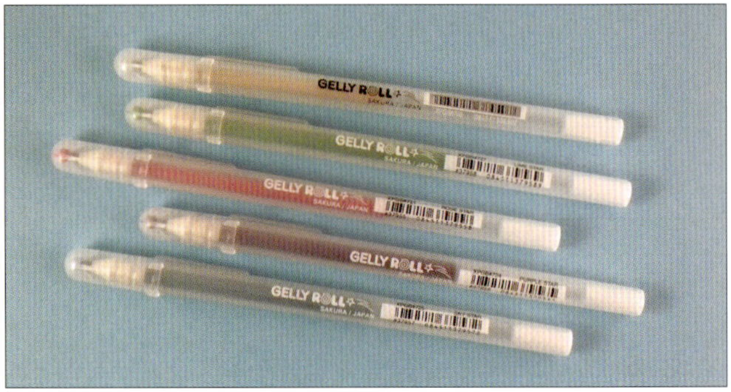

Glitzer-Gelstifte von Sakura

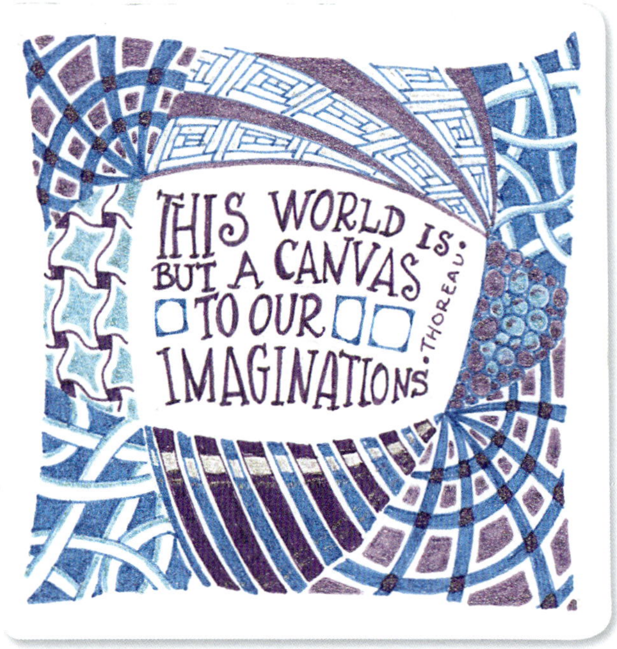

Für diesen Entwurf habe ich einen schwarzen Fineliner und Glitzer-Gelstifte in benachbarten Farben benutzt.

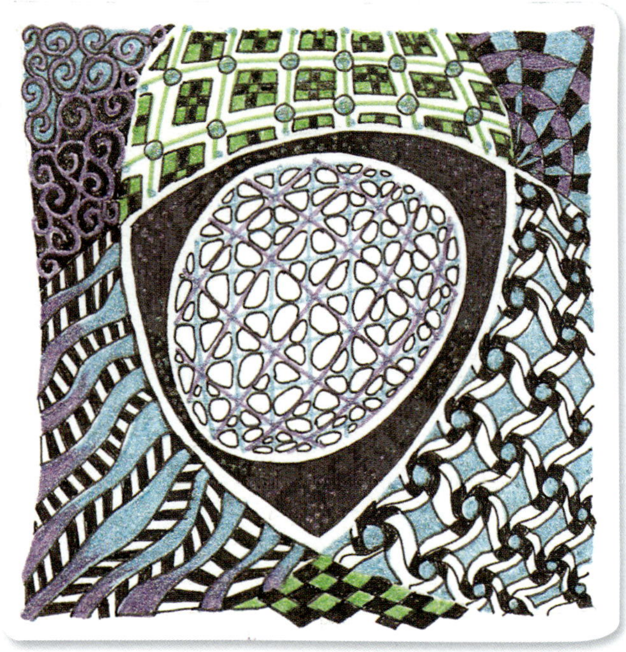

Hier habe ich schwarze und farbige Muster mit Fineliner gezeichnet und diese dann mit passenden Glitzerstiften ausgemalt.

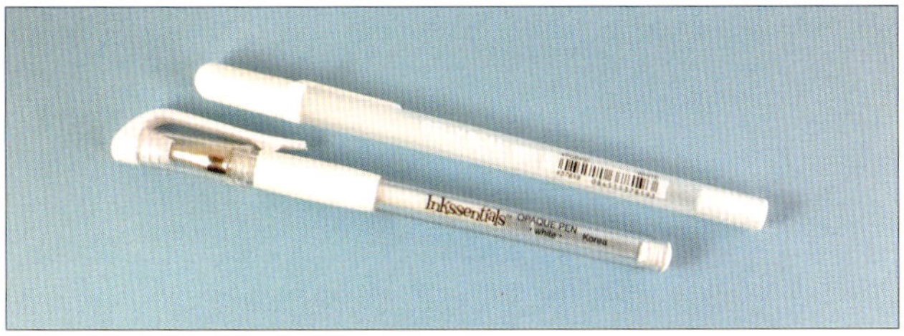

Weißer Gelstift von Sakura und weißer Fineliner von Ranger

Effekte mit weißem Gelstift

Weiße Gelstifte sind eine großartige Möglichkeit, Muster auf gedruckten oder gesprühten Flächen zu schattieren und Glanzlichter aufzusetzen. In reinen Buntstiftzeichnungen benutzen Sie einfach einen weißen Buntstift. Fineliner und Filzstift lassen sich mit dem weißen Gelstift vollständig abdecken, so kommt Weiß dann auch als Farbfläche ins Spiel.

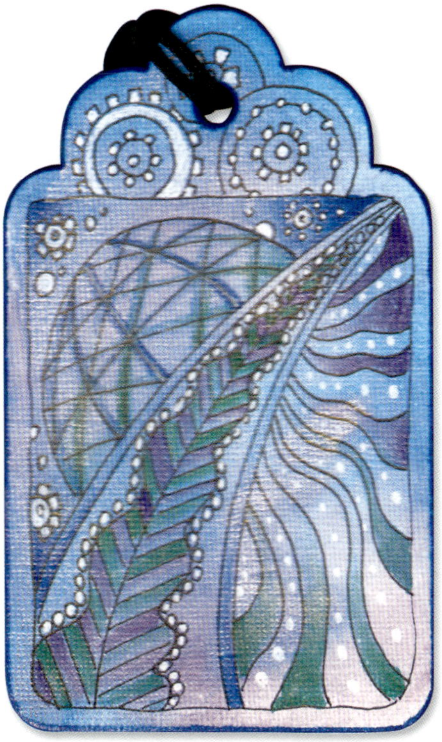

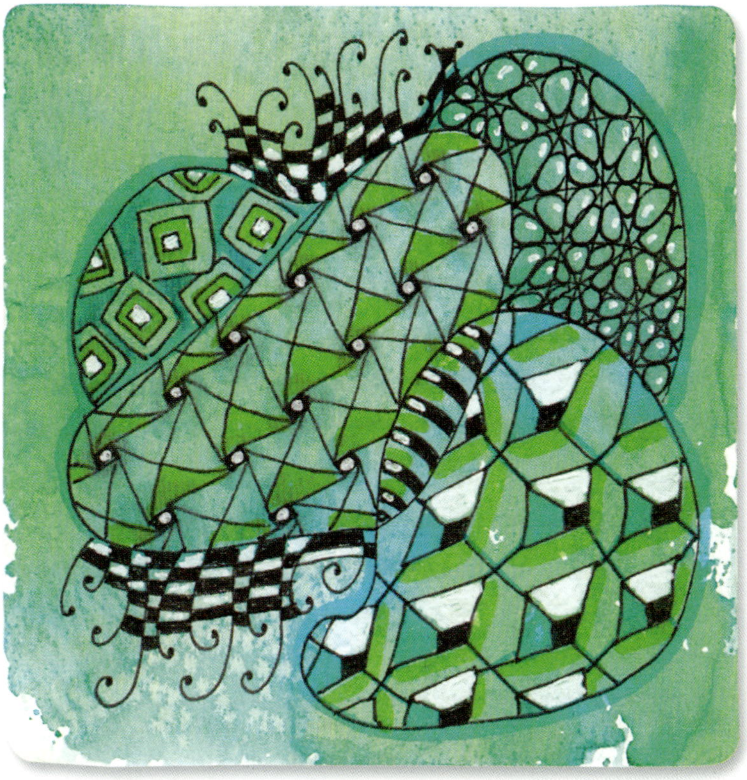

Oben und rechts habe ich mit schwarzem Fineliner auf einen Hintergrund mit Salzeffekten (siehe Seite 15) gezeichnet, anschließend mit Pinsel-Filzstiften sowie weißem Gelstift koloriert.

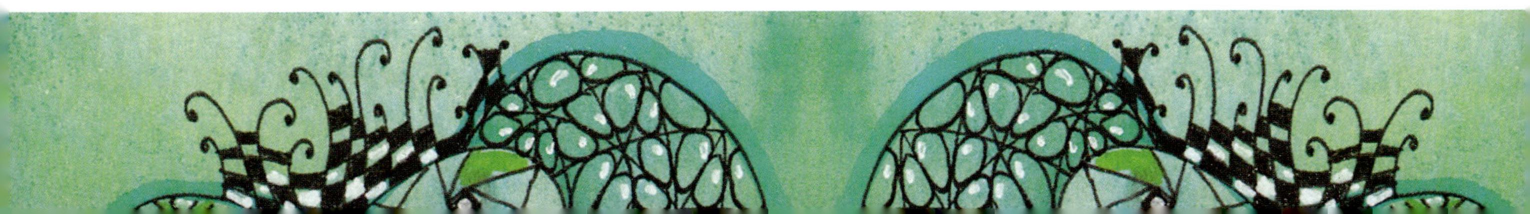

Time to Tangle – Ideegalerie für neue Projekte

Viele Tangles in diesem Buch sind neu, bei manchen handelt es sich um die Variationen meiner bevorzugten Originalmuster. Schon das erste Beispiel, ein einfaches Karomuster, gibt Ihnen unendlich viel Gestaltungsspielraum. Lassen Sie Ihrer Fantasie freien Lauf! Spielen Sie mit den Tangles, um Ihre eigenen Variationen zu entwerfen. Ein Vorteil der Zentangle-Technik (unter vielen!) ist, dass sich einfach überall Anregungen für Muster finden. Genießen Sie es, Strukturen und Farbkombinationen um Sie herum wahrzunehmen, die Sie normalerweise nie beachtet hätten. Das kann den Alltag ungemein bereichern.

Raster-Muster

Knightsbridge (original Zentangle-Muster)

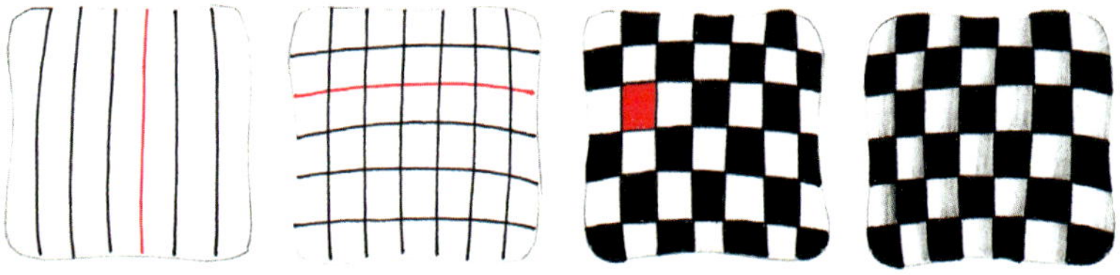

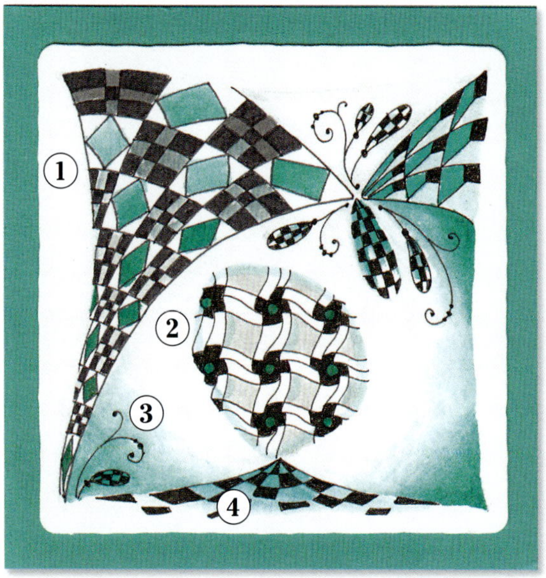

① *Knight's Tri*
② *Cadent Cross*
③ *Knight's Branch*
④ *Knightsbridge*

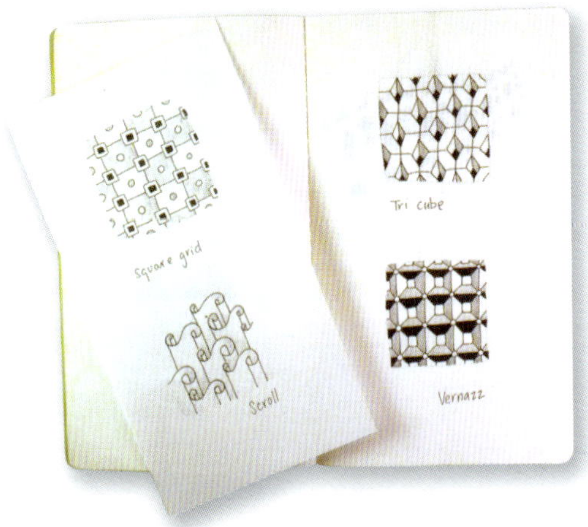

Technik: schwarzer Fineliner, direkte und indirekte Farbgestaltung mit Pinsel-Filzstiften (siehe Seite 6 und 7)
Farbschema: Türkis und Grau

Inspiration Italien

Unsere Silberhochzeit führte meinen Mann und mich nach Italien. Es war eine faszinierende Reise, in deren Verlauf ich ein ganzes Skizzenbuch gefüllt habe. Die Muster oben sind vom Fußboden einer italienischen Kirche inspiriert. Solche Marmorböden mit kühnen geometrischen Ornamenten nennt man Cosmaten-Mosaiken, benannt nach einer Gruppe von Künstlern des 12. bis 14. Jahrhunderts. Wenn Sie einmal in Italien sind, sollten Sie sich die Originale unbedingt ansehen.

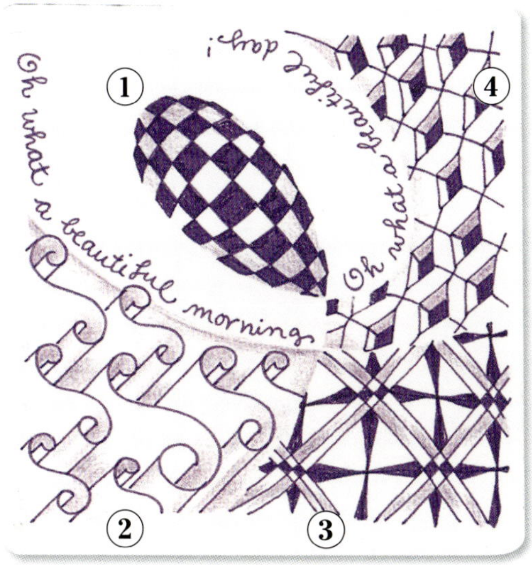

① *Knightsbridge*
② *Scroll*
③ *Knight's Cross*
④ *Tri Cube*

Technik: farbiger Fineliner, Buntstift zum Schattieren (Möglichkeiten siehe Seite 5)
Farbschema: monochrom violett

Knight's Cross (Variation von Knightsbridge)

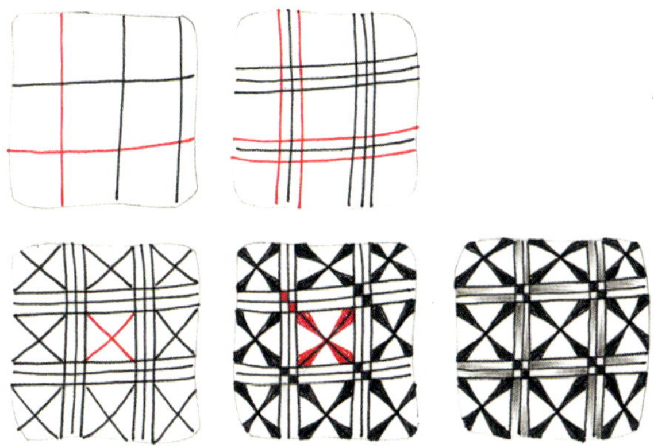

Knight's Tri (Variation von Knightsbridge)

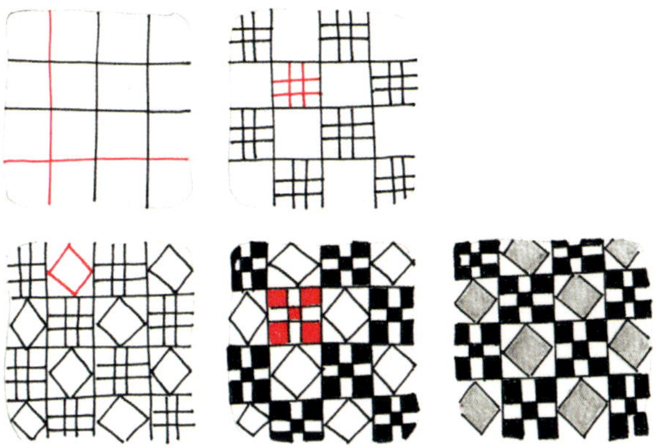

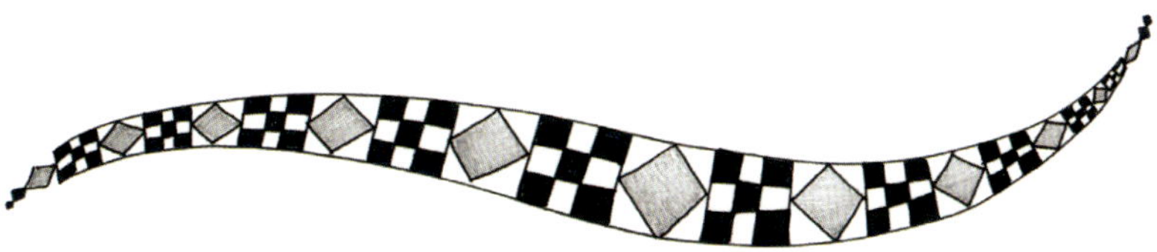

① *Tri Cube*
② *Vernazz*

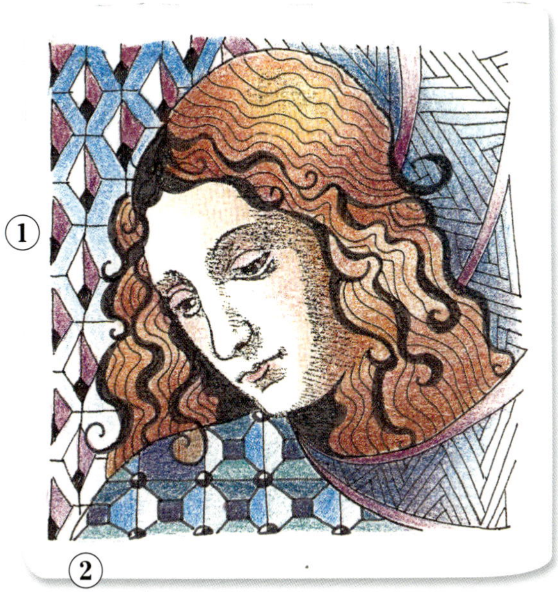

Technik: gestempeltes Motiv, schwarzer Fineliner, Buntstifte zum Schattieren (siehe Seite 20)
Farbschema: neutrale Brauntöne für das Motiv, die benachbarten Farben Blau und Violett für den Hintergrund

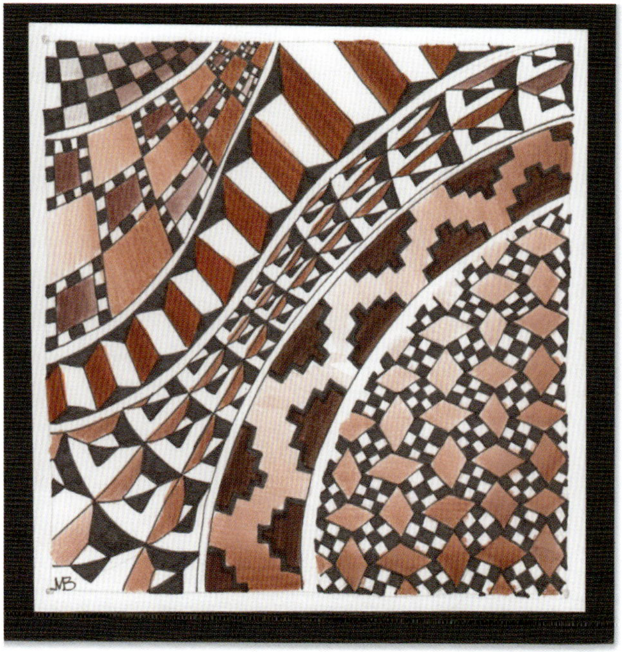

Technik: glatter weißer Zeichenkarton, Fineliner in Schwarz, Braun und Sepia, Farbgestaltung mit Finelinern und sepiafarbenem Pinsel-Filzstift (siehe Seite 7 und 23)
Farbschema: Sepia

Sag

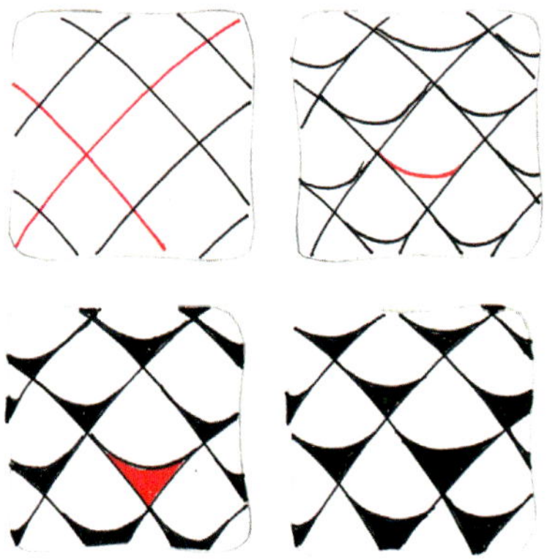

Sepiatöne

Der harmonische Sepia-Effekt ist wunderbar für Einsteiger. Verwenden Sie die sanften bräunlichen Töne und probieren Sie so viele Techniken wie möglich in diesem Buch damit aus.

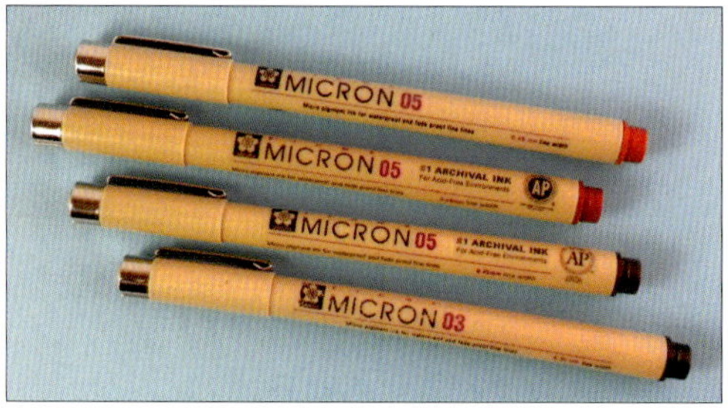

Fineliner von Sakura

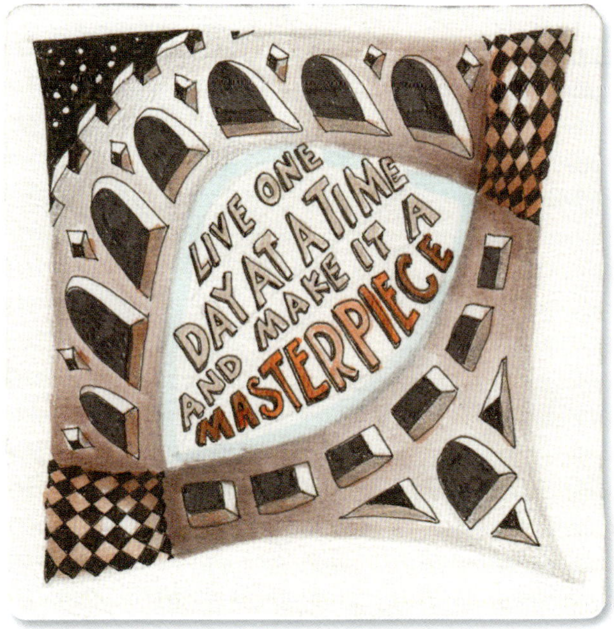

TIPP: Hier habe ich die schwarze Vorzeichnung mit sepiafarbenem Pinsel-Filzstift schattiert. Durch die hellblaue Umrahmung tritt der Schriftzug räumlich hervor.

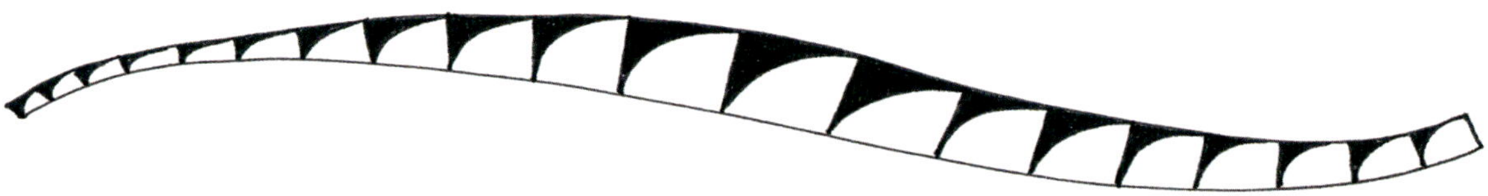

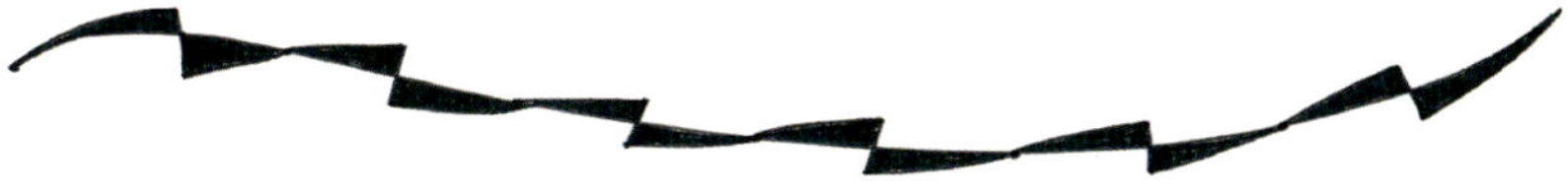

Strike

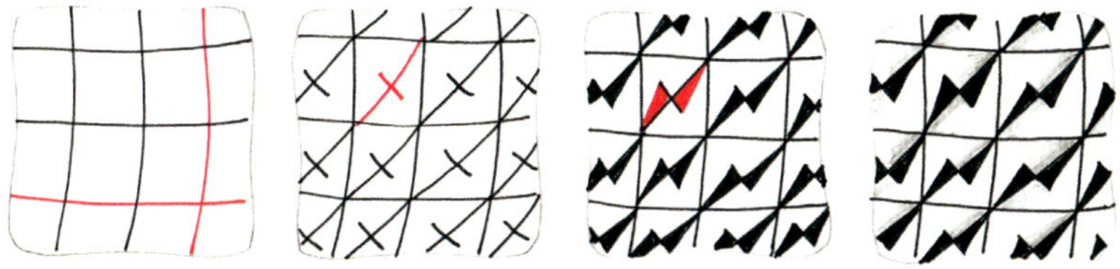

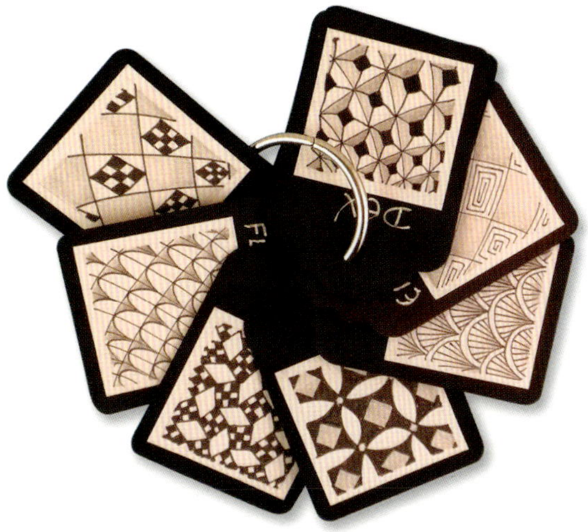

Kreieren Sie sich Ihr persönliches Muster-Set für jede Gelegenheit. Am Schlüsselring haben Sie Ihre Lieblingsmuster immer parat.

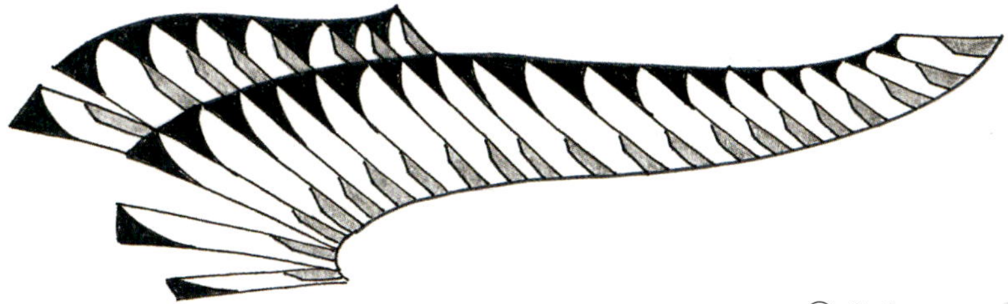

Feagle

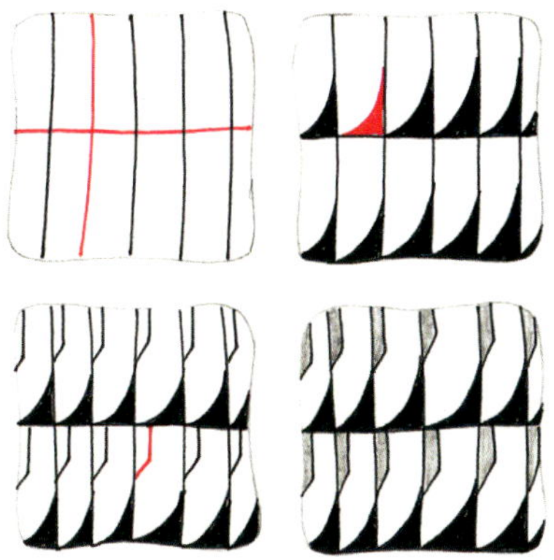

Muster der Ureinwohner Amerikas

Diese Tangles orientieren sich an dem traditionellen Dekor, das die Keramik der amerikanischen Ureinwohner schmückt.

① *Strike*
② *Feagle*
③ *Strike*
④ *Sag*

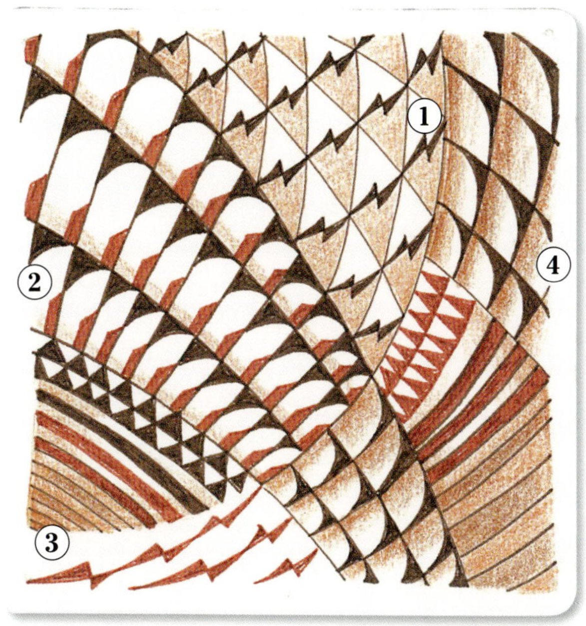

Technik: Fineliner in Schwarz, Braun und Sepia, außerdem Buntstifte für die Schattierungen (siehe Seite 20)
Farbschema: Sepia

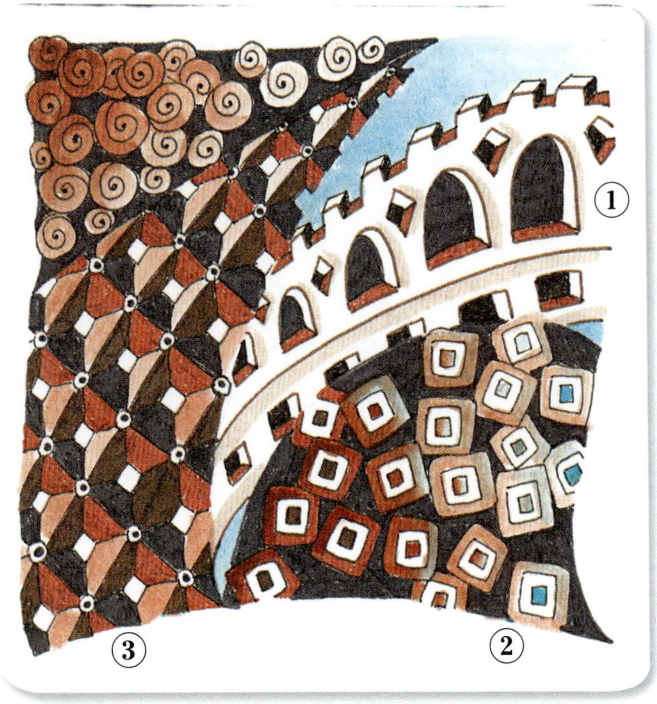

① *Skistel*
② *Mod Box*
③ *Vernazz*

Technik: Fineliner in Schwarz und Sepia, direkte und indirekte Farbgebung mit Pinsel-Filzstiften (siehe Seite 6 und 7)
Farbschema: Sepia und helles Blau

Skistel (Namensschöpfung aus der Kombination »Sky« und »Castle«)

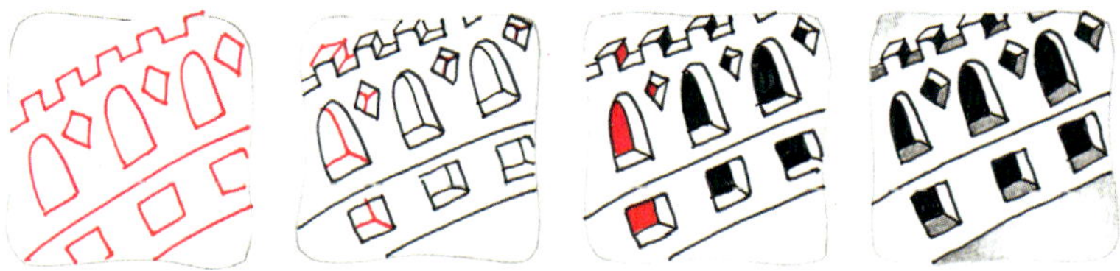

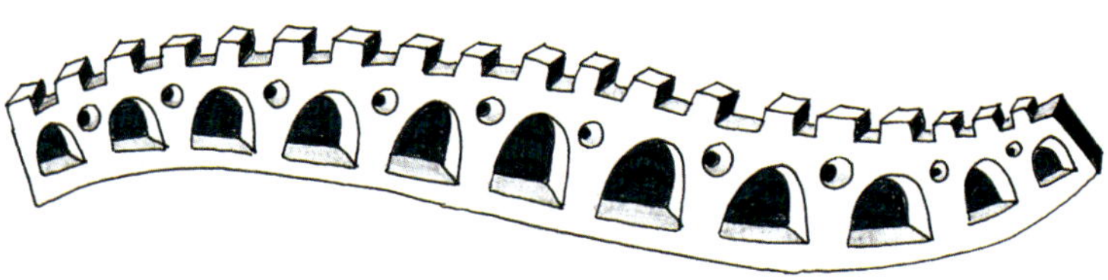

Vernazz (Variation von Cubine)

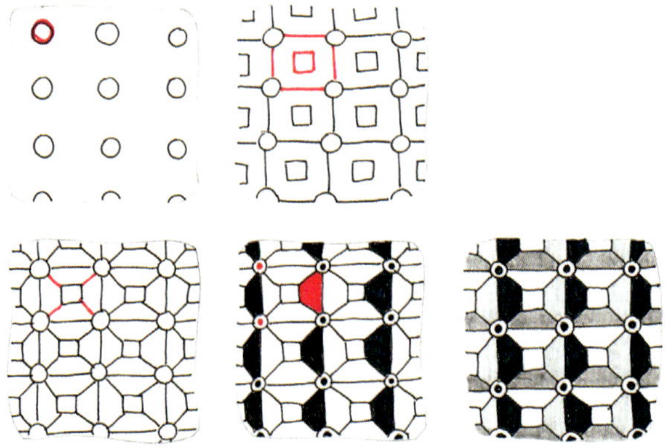

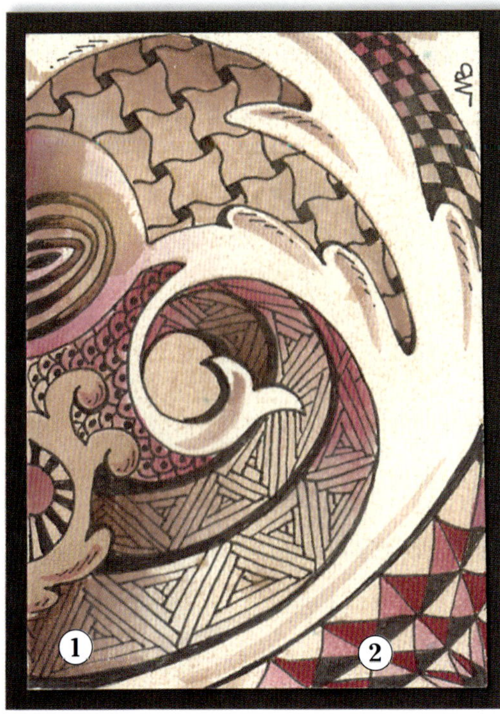

① *Knightsbridge*
② *Cadent*

Technik: Sprühtechnik mit Schablone (siehe Seite 16), schwarzer Fineliner, direkte und indirekte Farbgebung mit Pinsel-Filzstiften (siehe Seite 6 und 7)
Farbschema: Braun und Rot

Inspiration Italien

Diese Tangles habe ich entworfen, nachdem ich in Siena die prächtigen Fußbodenmosaiken einer Kirche bewundert hatte.

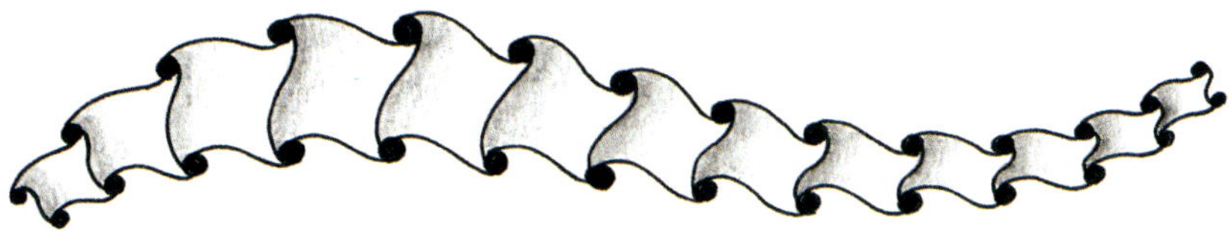

Mod Box

Cadent (original Zentangle-Muster)

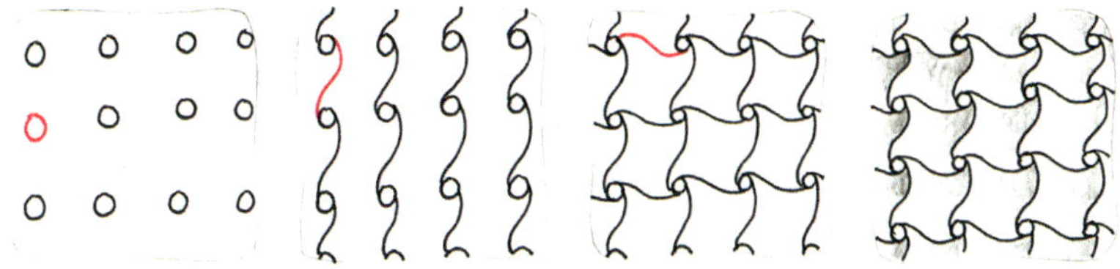

Inlay (Variation von Cubine)

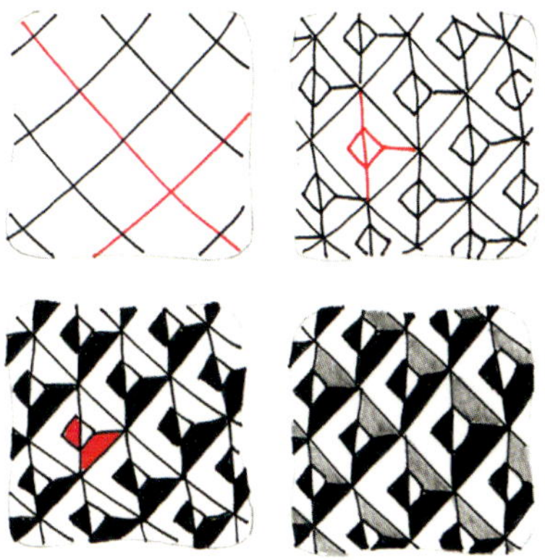

① *Inlay*
② *Knightsbridge*

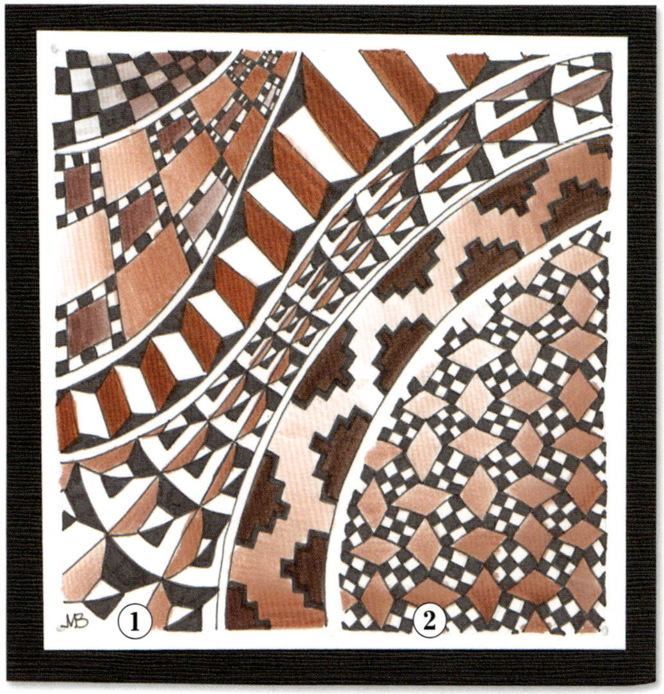

Technik: Fineliner in Schwarz, Braun und Sepia, direkte und indirekte Schattierung mit Pinsel-Filzstiften (siehe Seite 6 und 7)
Farbschema: Sepia

Violetttöne

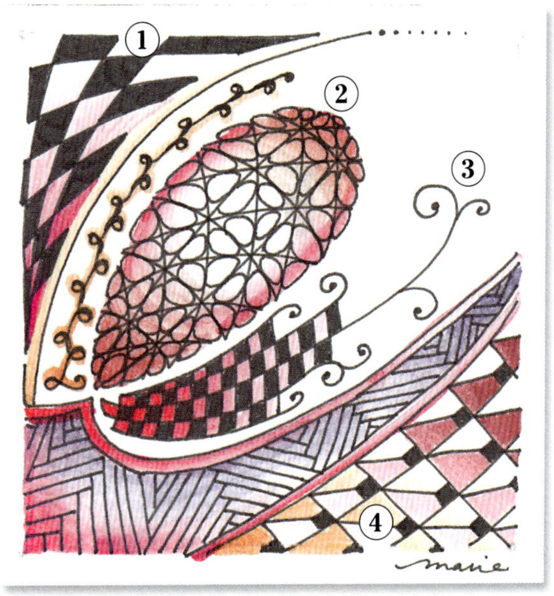

① *Knightsbridge*
② *Nzeppel*
③ *Knight's Branch*
④ *Cubine*

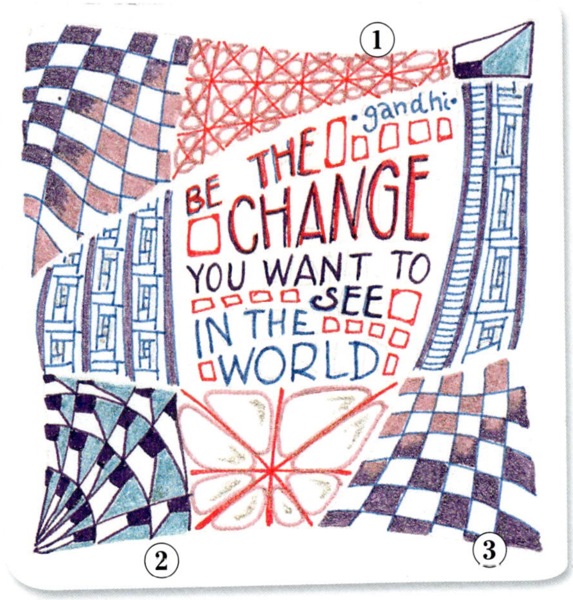

Squish ①
Cubine ②
Knightsbridge ③

Technik: schwarzer Fineliner, Muster mit Pinsel-Filzstiften indirekt schattiert (siehe Seite 7) und zum Teil plastisch ausgearbeitet (siehe Seite 20)
Farbschema: Rot, Violett, Orange und Rosa

Technik: farbige Fineliner, Glitzer-Gelstifte (siehe Seite 24)
Farbschema: Violett, Blau, Rosa und Rot

Cubine (original Zentangle-Muster)

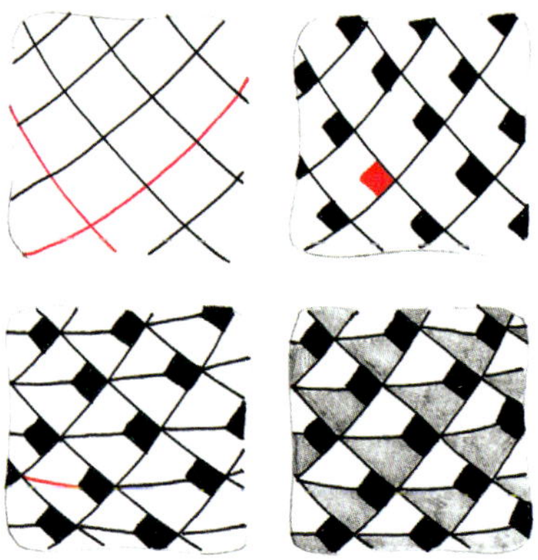

Squish (Variation von Nzeppel)

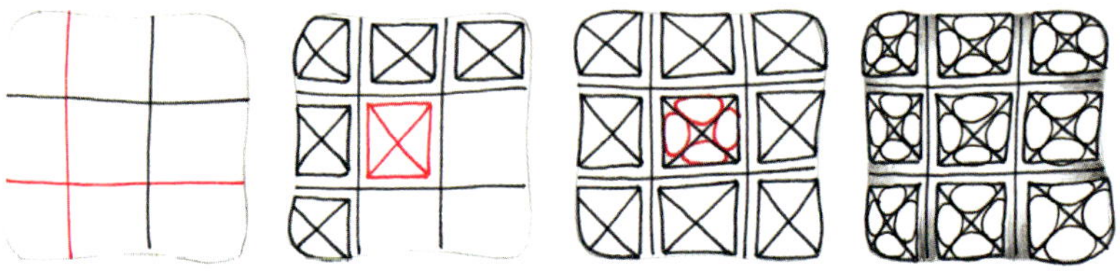

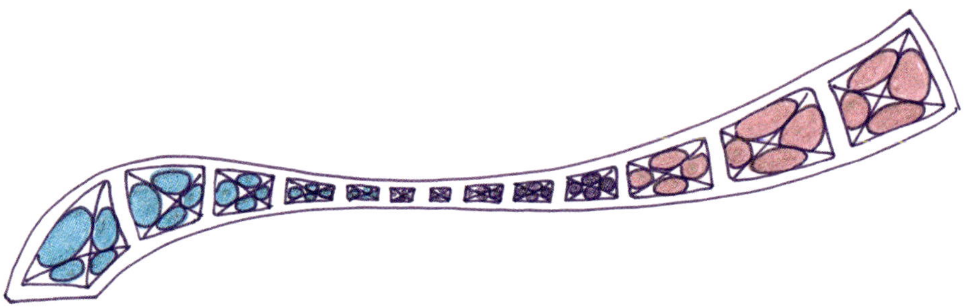

Germie

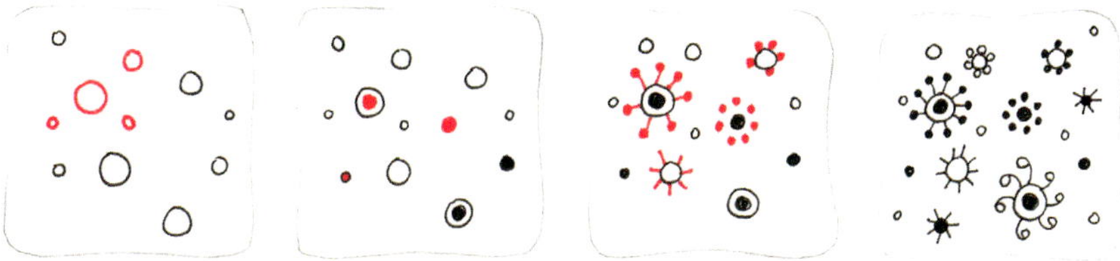

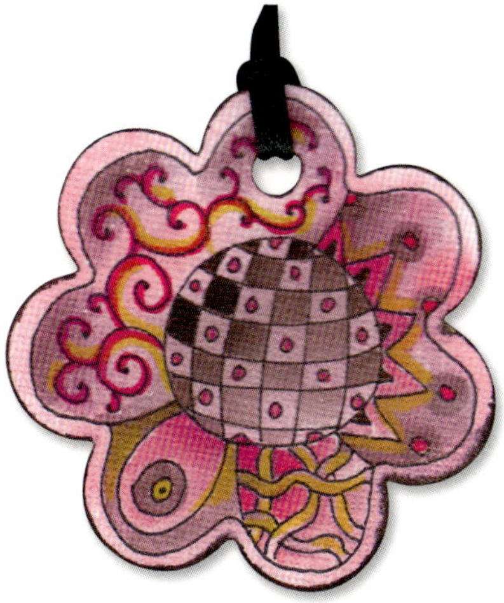

Cadent Swirl (Variation von Cadent)

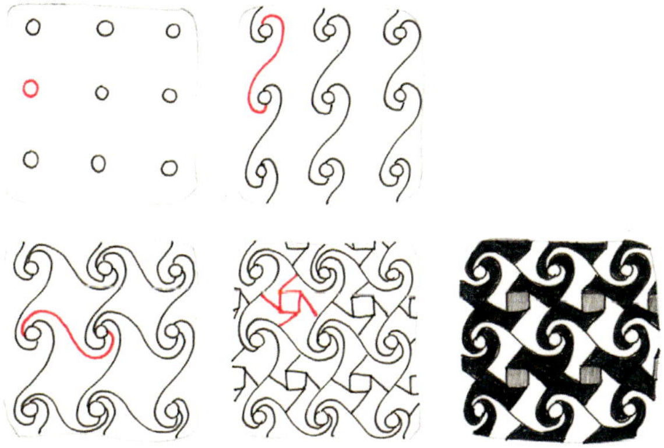

TIPP: Die Tangles auf dem Blumenanhänger fügen sich schön in den rosa Hintergrund ein, der verwaschen mit Pinsel-Filzstift bemalt ist. Details habe ich hier mit leuchtenden Farben betont.

Scroll

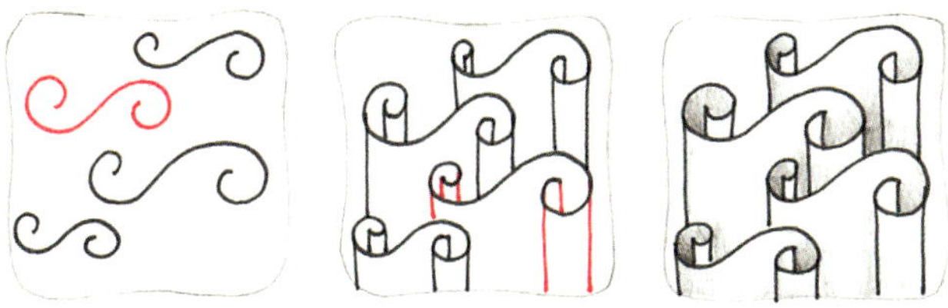

Cadent ①
Germie ②
Cadent Swirl ③

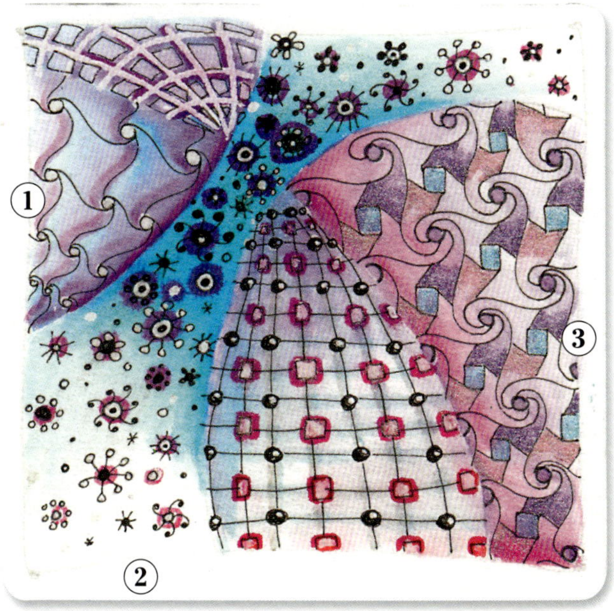

Technik: schwarzer Fineliner, Schattierung mit Pinsel-Filzstiften (siehe Seite 7) und mit Glitzer-Gelstiften (Striche mit dem Blender, siehe Seite 6, verwischt)
Farbschema: benachbarte Violett- und Blautöne

Grüntöne

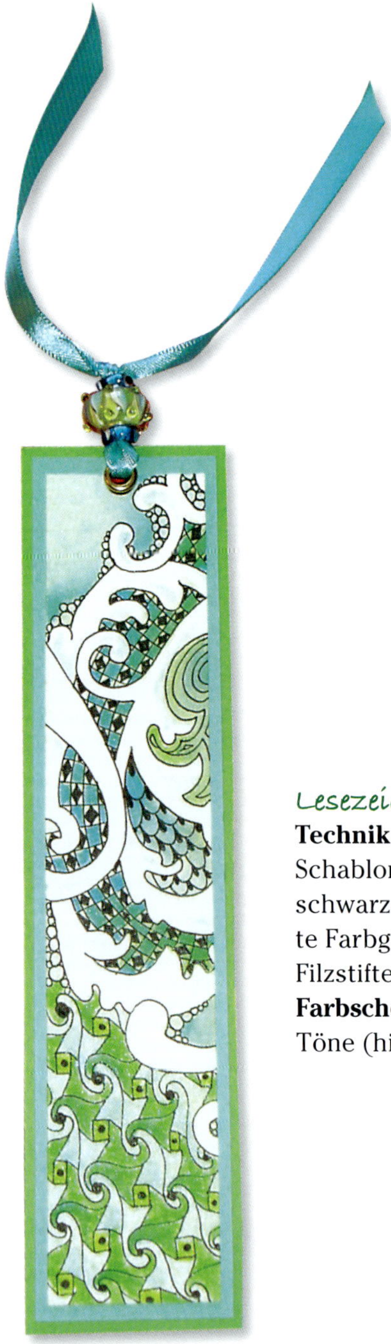

Cadent Cross (Variation von Cadent)

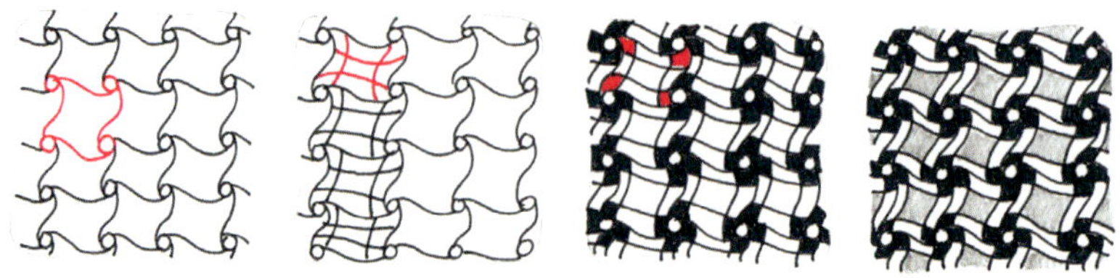

Nzeppel (original Zentangle-Muster)

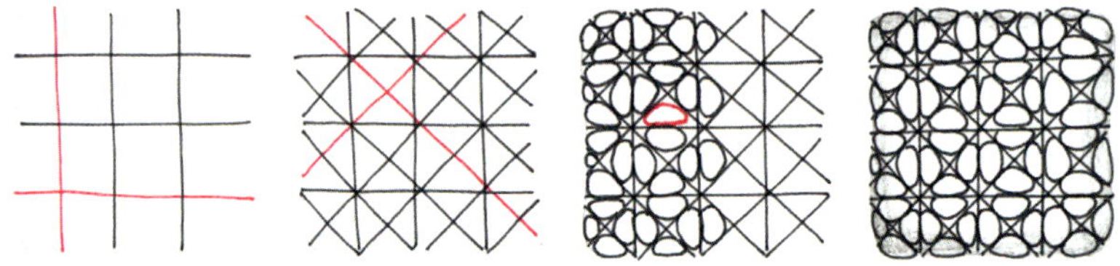

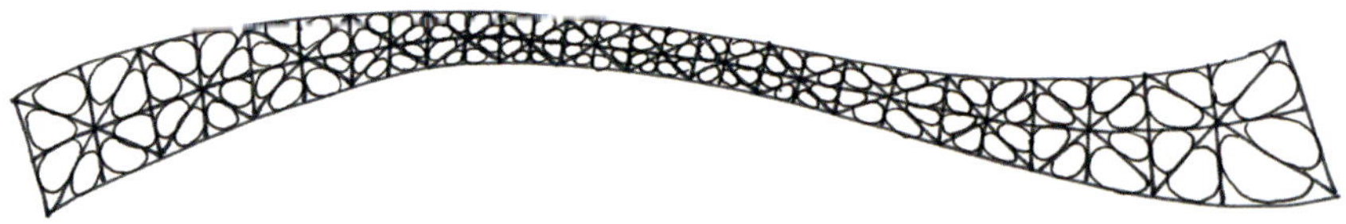

Lesezeichen

Technik: Sprühtechnik mit Schablone (siehe Seite 16), schwarzer Fineliner, indirekte Farbgebung mit Pinsel-Filzstiften (siehe Seite 7)
Farbschema: benachbarte Töne (hier Blau und Grün)

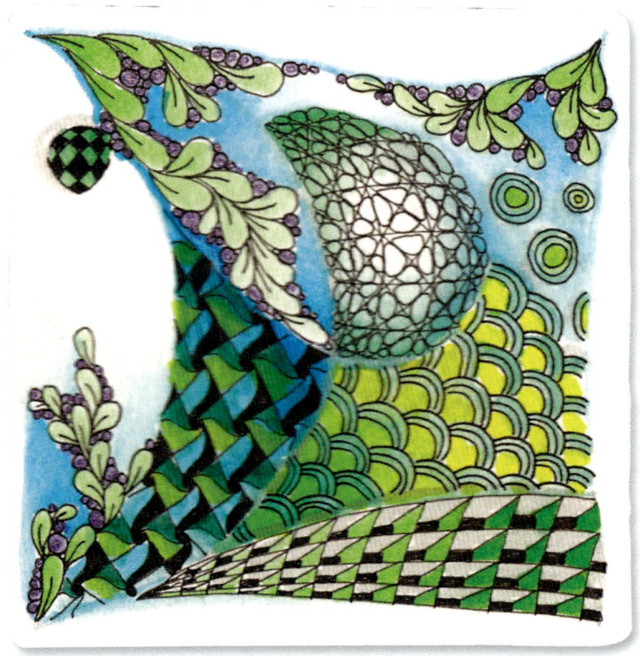

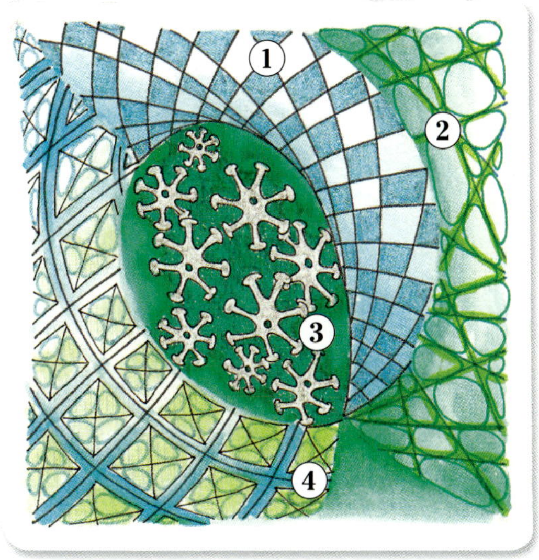

① *Knightsbridge*
② *Nzeppel*
③ *Astro*
④ *Squish*

Technik: schwarzer Fineliner, Glitzer-Gelstifte, indirekte Schattierung mit Pinsel-Filzstiften (siehe Seite 7)
Farbschema: benachbarte Blau- und Grüntöne

Astro ①
Jester ②

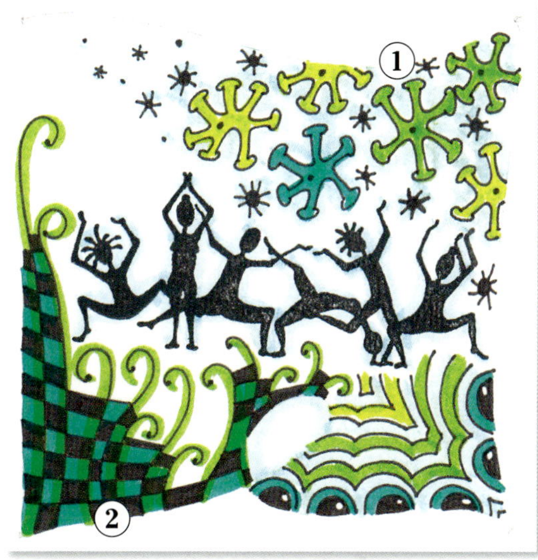

Technik: gestempelte Motive mit Umrandung (siehe Seite 19), schwarzer Fineliner, Ausmalen mit Pinsel-Filzstiften
Farbschema: benachbarte Blau- und Grüntöne

Astro (Zentangle von Debora Rohly, CZT®)

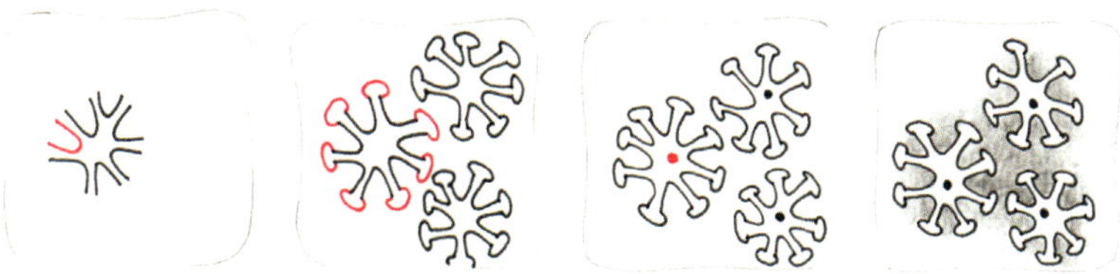

TIPP: Wie viele andere zertifizierte Zentangle-Trainer (Certified Zentangle Teachers, CZT) gibt meine Freundin Debora gern ihre fantastischen Ideen weiter. Ein CZT-Verzeichnis finden Sie online unter www.zentangle.com.

Tri Cube (Variation von Cubine)

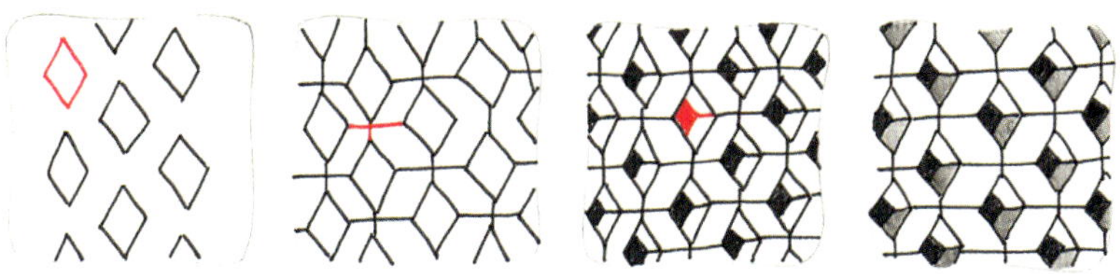

Cadent ①
Cubine ②

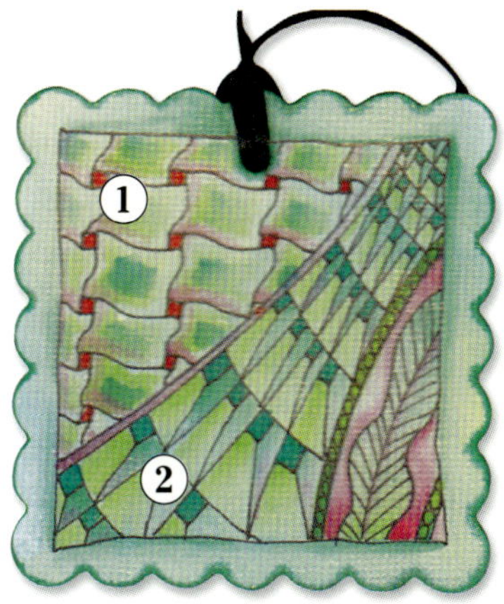

Technik: schwarzer Fineliner auf Farbverlauf (siehe Seite 14), direkte und indirekte Schattierung mit Pinsel-Filzstiften
Farbschema: Rot und Grün (Komplementärfarben)

Terratile

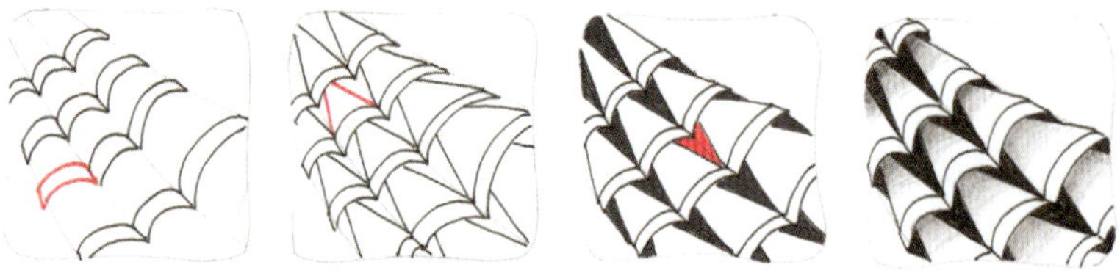

Square Grid

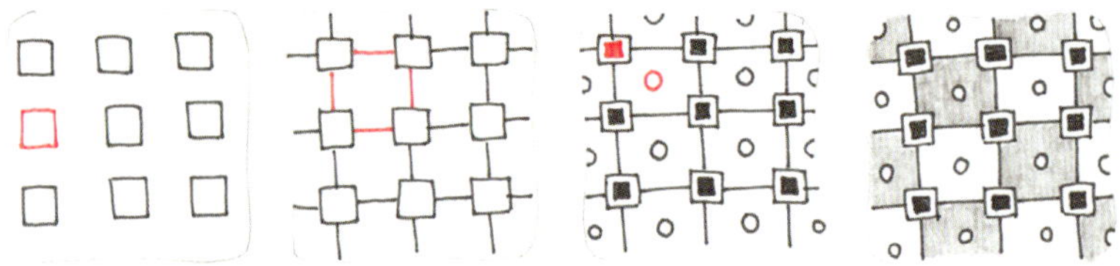

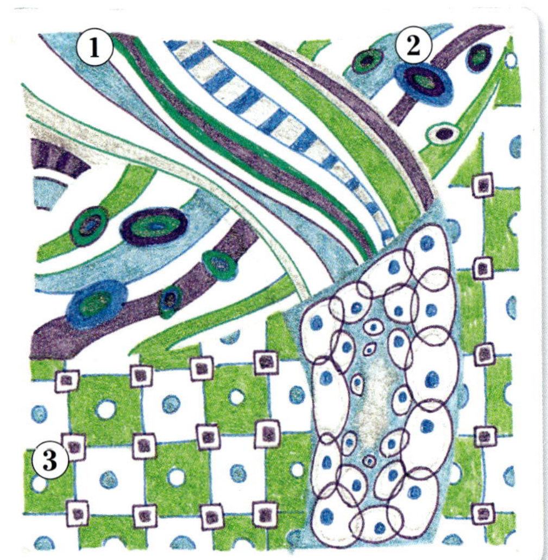

① *Celluline*
② *Cellu*
③ *Square Grid*

Technik: farbige Fineliner und Glitzer-Gelstifte, direktes Schattieren mit Pinsel-Filzstiften
Farbschema: Blau, Violett und Grün

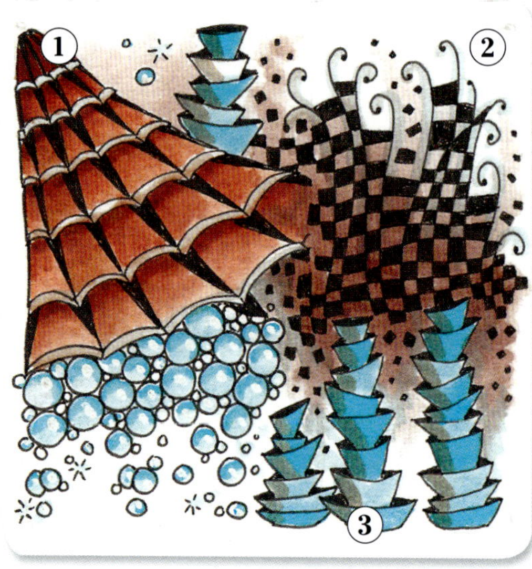

Terratile ①
Jester ②
Stishes ③

Technik: schwarzer Fineliner, direkte und indirekte Farbgestaltung mit Pinsel-Filzstiften (siehe Seite 6 und 7)
Farbschema: Blau und Braun

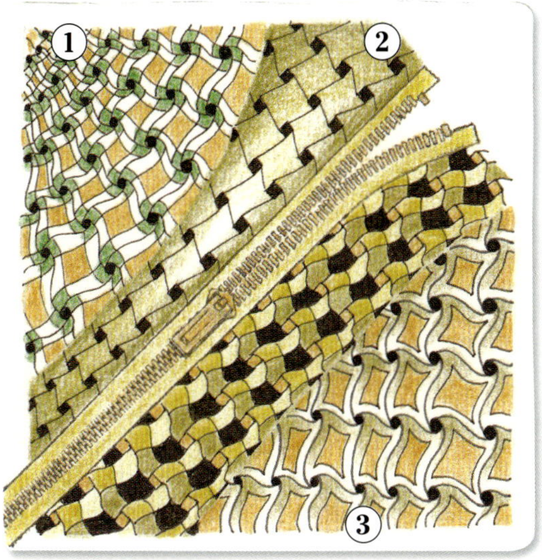

① *Cadent Cross*
② *Cadent*
③ *Cadent Grid*

Technik: gestempeltes Reißverschluss-Motiv, schwarzer Fineliner, Schattierung mit Buntstiften (siehe Seite 20)
Farbschema: Grün und Gold

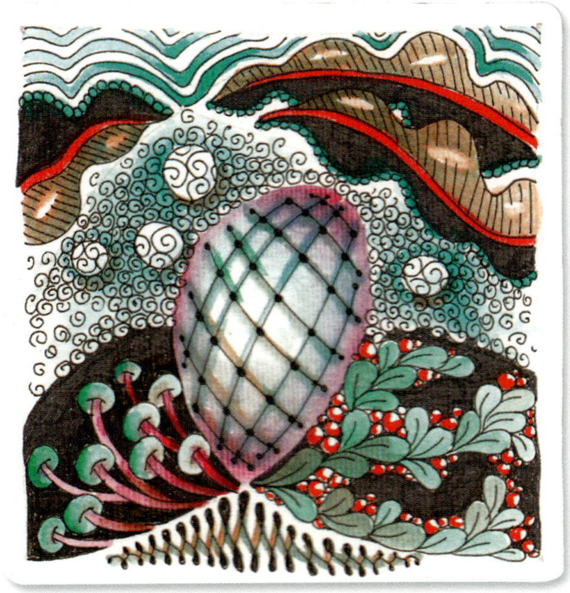

Celluline

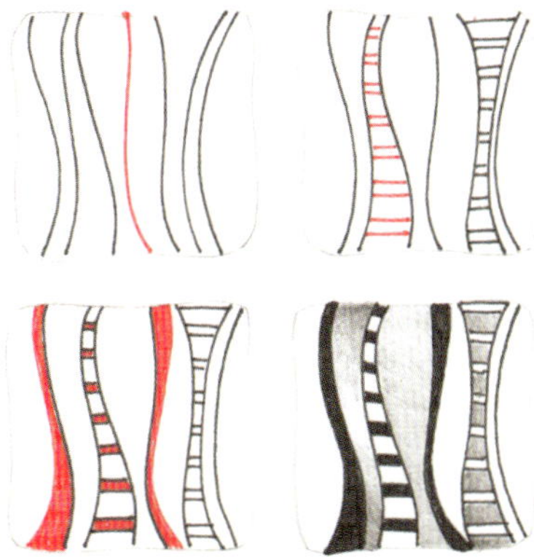

Stishes (ein Muster, das an gestapeltes Geschirr erinnert)

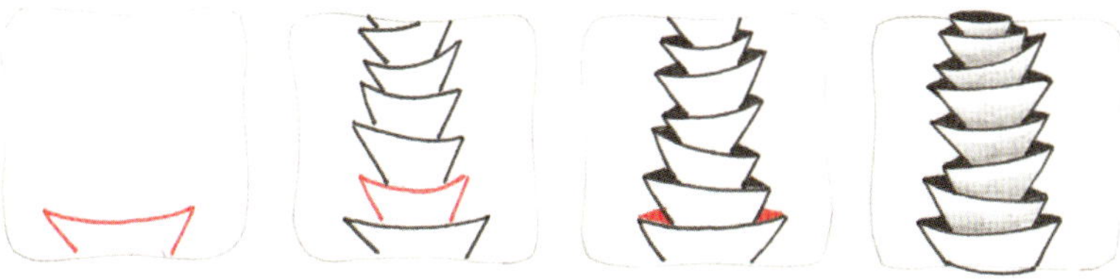

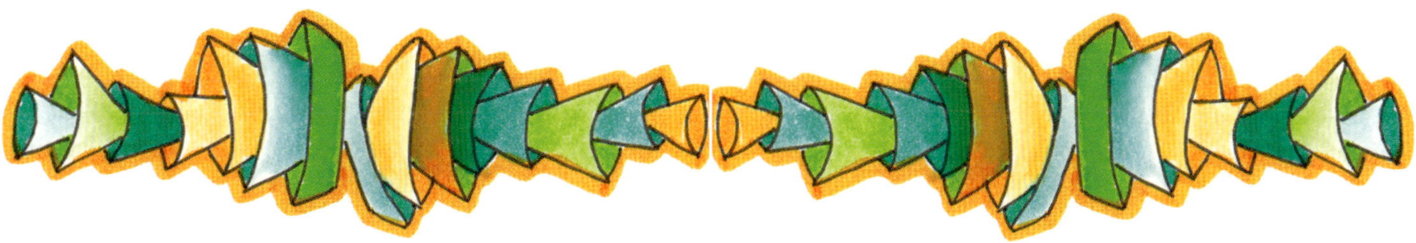

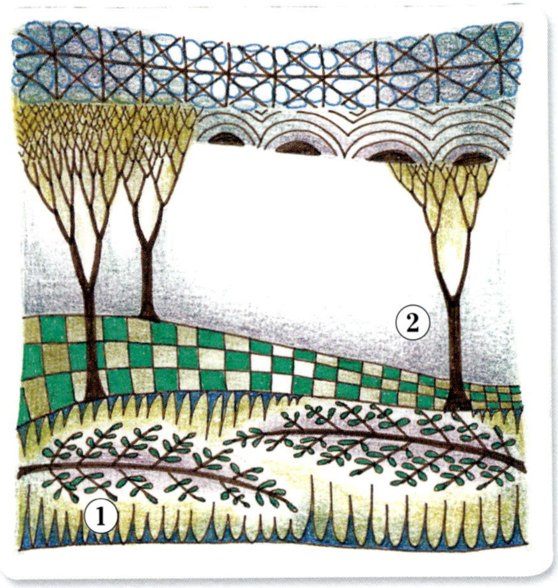

① *Fractal Fern*
② *Fractal Tree*

»Fraktale« Formen

Wenn bei Zentangle von fraktalen Formen die Rede ist, meint dies, dass es sich hier um minimierte, vereinfachte Ausgabe/Darstellung des gesamten Motivs handelt, fraktale Formen fassen also das Wichtigste eines Motiv zusammen.
Das Prinzip ist, dass Sie eine Grundform, die dem Ganzen ähnelt, in Wiederholung zeichnen – jedes Mal etwas kleiner. Variationen entstehen, indem Sie die Grundform ein bisschen abwandeln.

Technik: farbige Fineliner und schwarzen Fineliner für die Muster, Buntstifte zum Schattieren (siehe Seite 20)
Farbschema: Blau, Olivgrün und Rotviolett

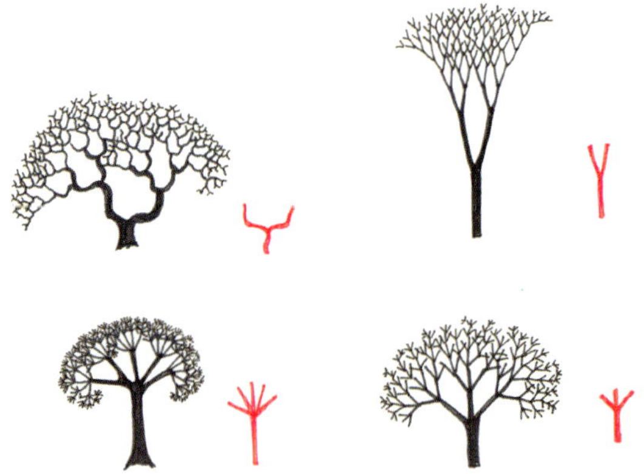

Fractal Fern

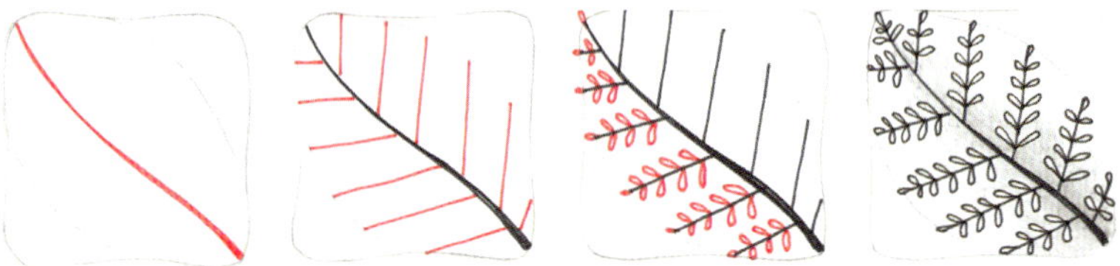

Fractal Tree

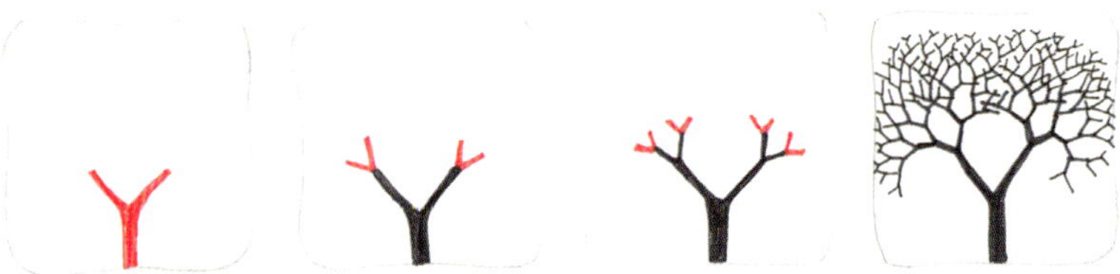

Fractal Trees

Ich war begeistert, als ich meine ersten »fraktalen Bäume« zeichnete. Früher fiel es mir immer unglaublich schwer, einen Baum zu zeichnen, und jetzt ging es wie von selbst. Was für ein nützlicher Trick, insbesondere weil das Ergebnis durchaus kompliziert aussieht.

Keine Angst: Diese Tangles sind leicht zu gestalten. Mit der Y-Form haben Sie z. B. schon mal einen Stamm. Daran hängen Sie kleinere V-Formen und fahren auf jeder Ebene so fort. Am besten denken Sie gar nicht lange darüber nach.

Knight's Branch (Variation von Knightsbridge)

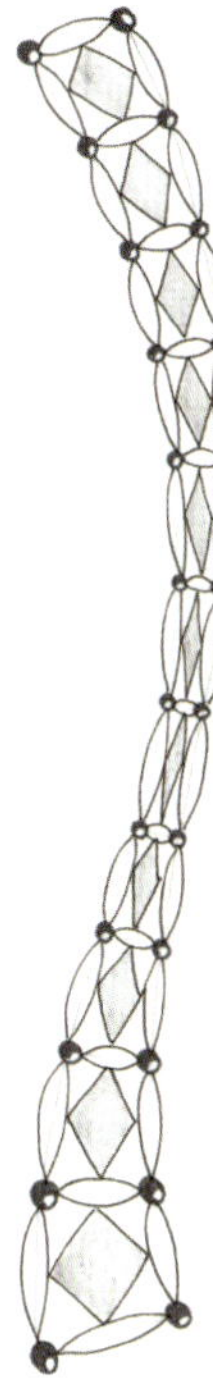

Basilica

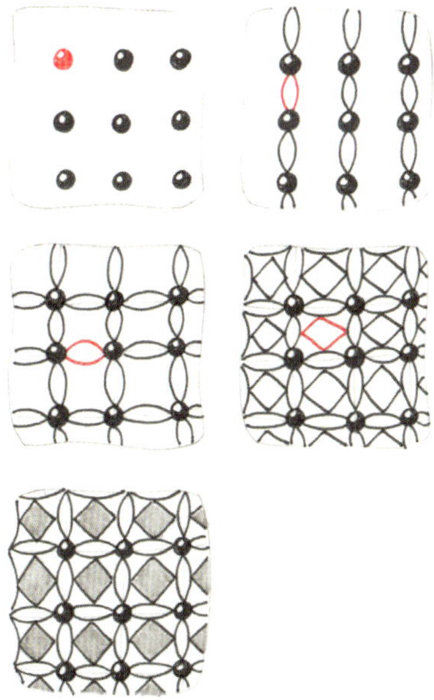

① *Knightsbridge*
② *Knight's Branch*
③ *Cubine*
④ *Basilica*

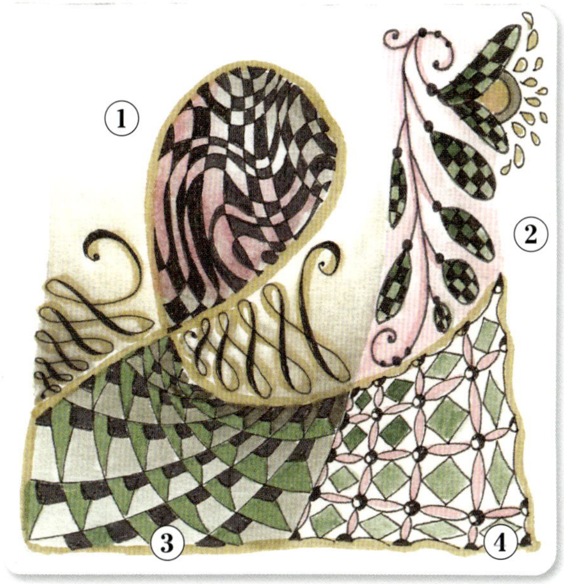

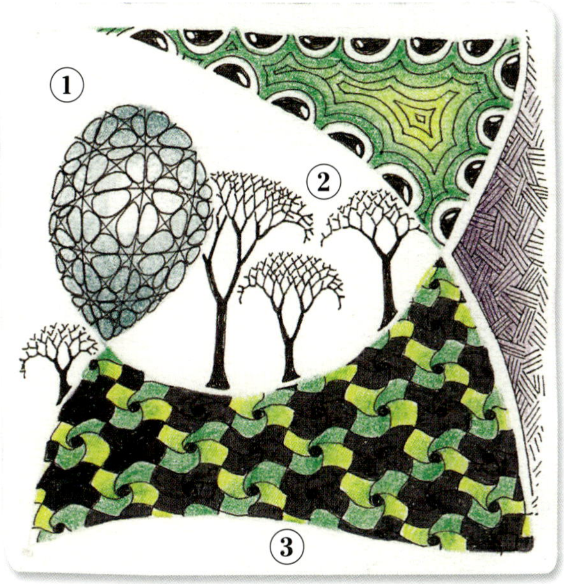

Nzeppel ①
Fractal Tree ②
Cadent Cross ③

Technik: schwarzer Fineliner, direkte und indirekte Farbgebung mit Pinsel-Filzstiften (siehe Seite 6 und 7)
Farbschema: Rosa und Olivgrün (Komplementärfarben)

Technik: schwarzer Fineliner, Buntstift-Schattierung (siehe Seite 20)
Farbschema: Grün, Blau und Violett

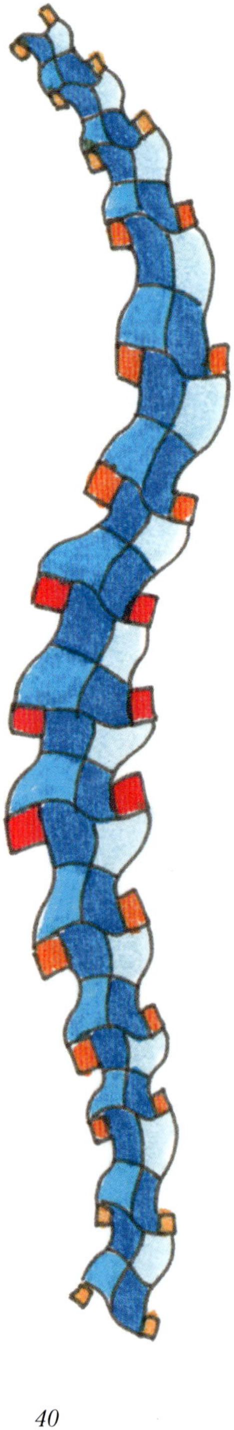

Cadent Grid (Variation von Cadent)

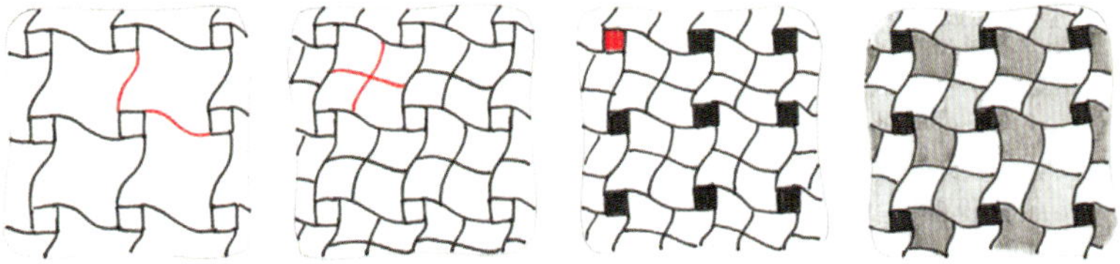

Pompeii (inspiriert von pompejanischen Bodenmosaiken)

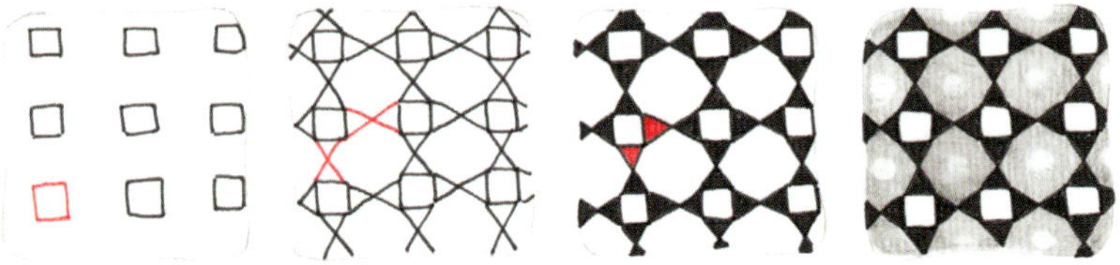

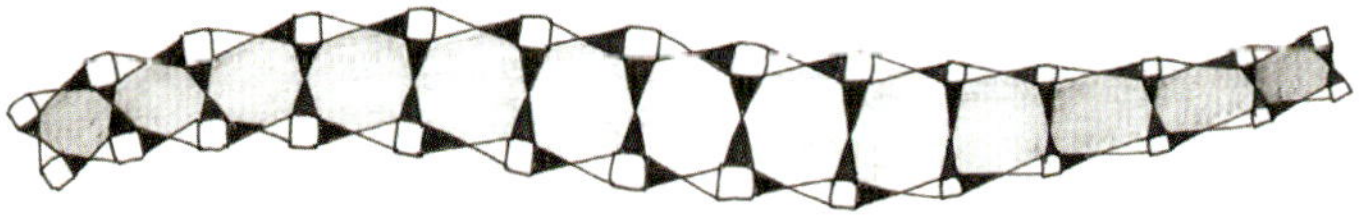

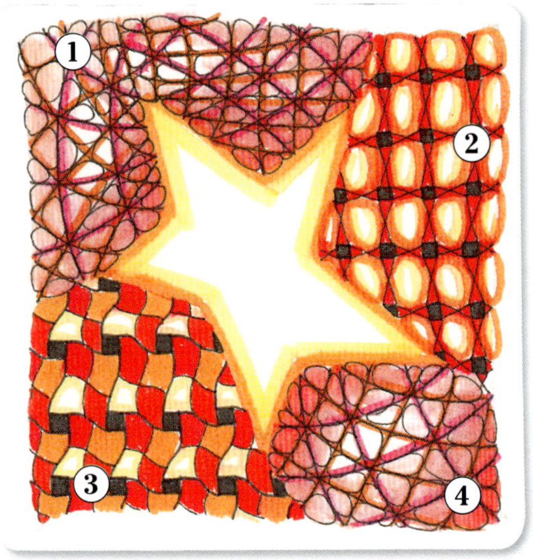

① *Nzeppel*
② *Pompeii*
③ *Cadent Grid*
④ *Nzeppel*

Technik: schwarzer Fineliner, direkte und indirekte Farbgebung mit Pinsel-Filzstiften (siehe Seite 6 und 7), Schattieren mit hervorgehobenen Linien und plastischem Effekt (siehe Seite 20)
Farbschema: benachbarte Rot-, Orange- und Gelbtöne

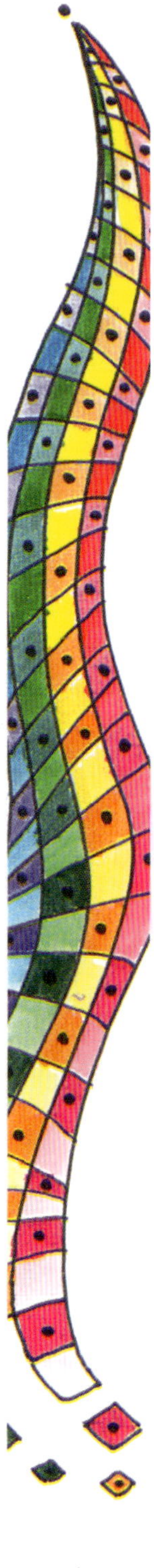

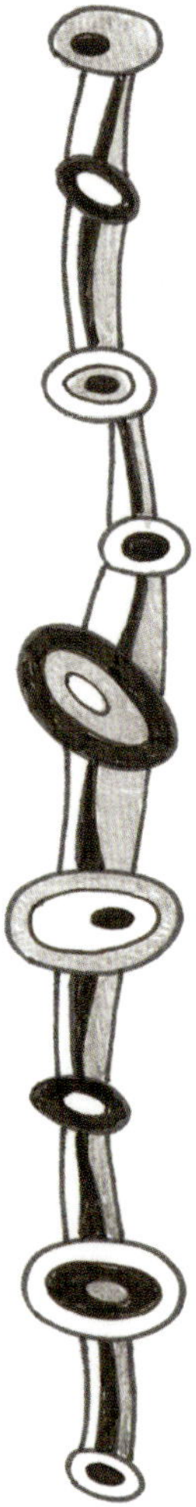

Cellu

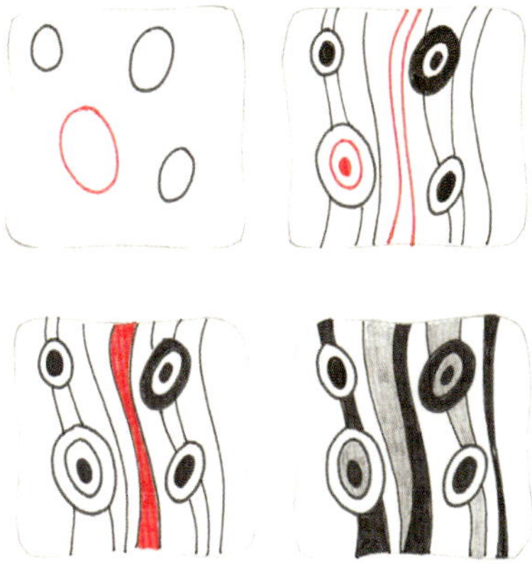

Technik: schwarzer Fineliner, Farbgestaltung mit Pinsel-Filzstiften (siehe Seite 6 und 7), Schattieren mit plastischem Effekt (siehe Seite 20)
Farbschema: Rot, Rosa und Grüntöne

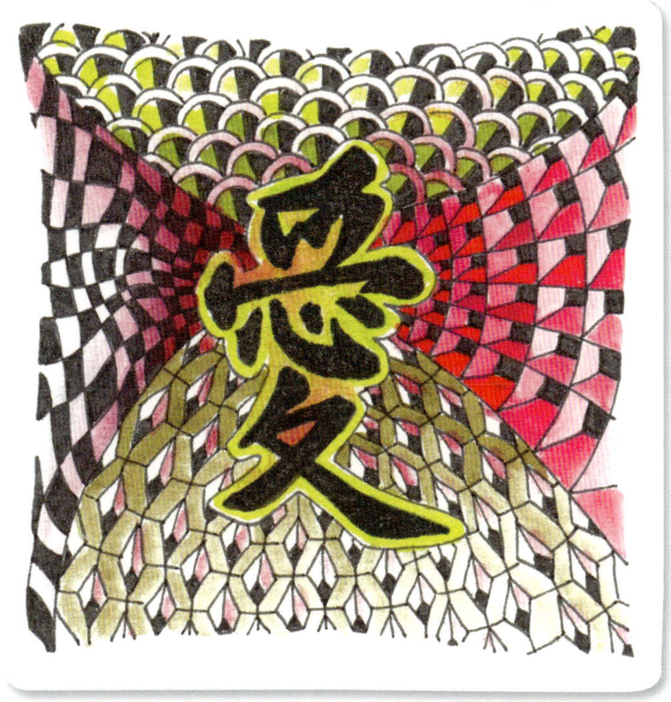

Jester (Variation von Knightsbridge)

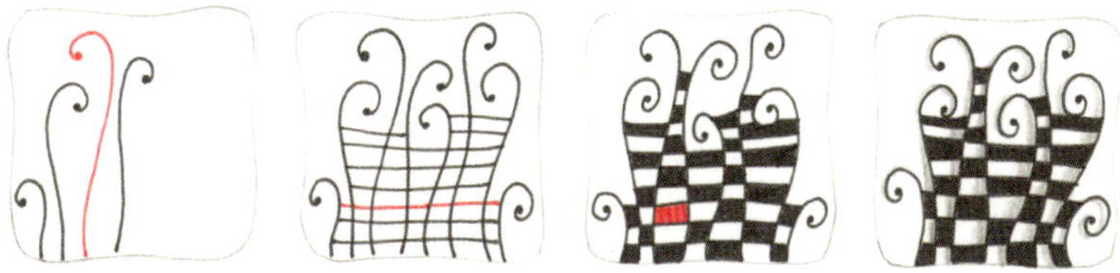

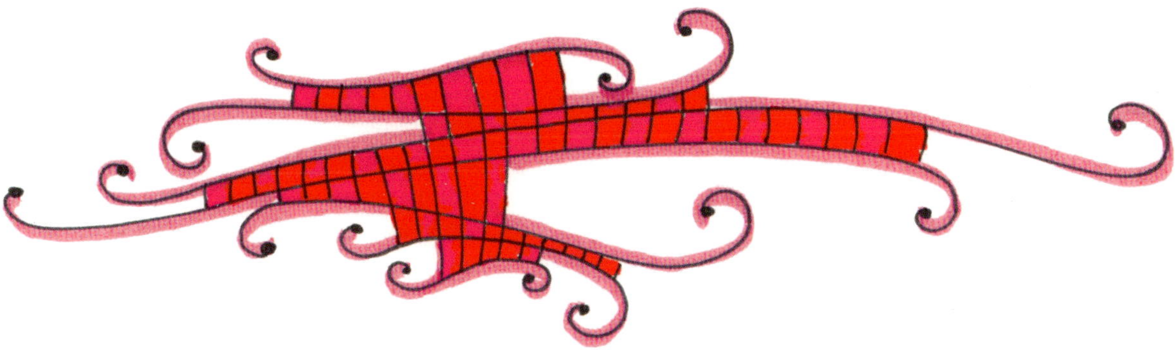

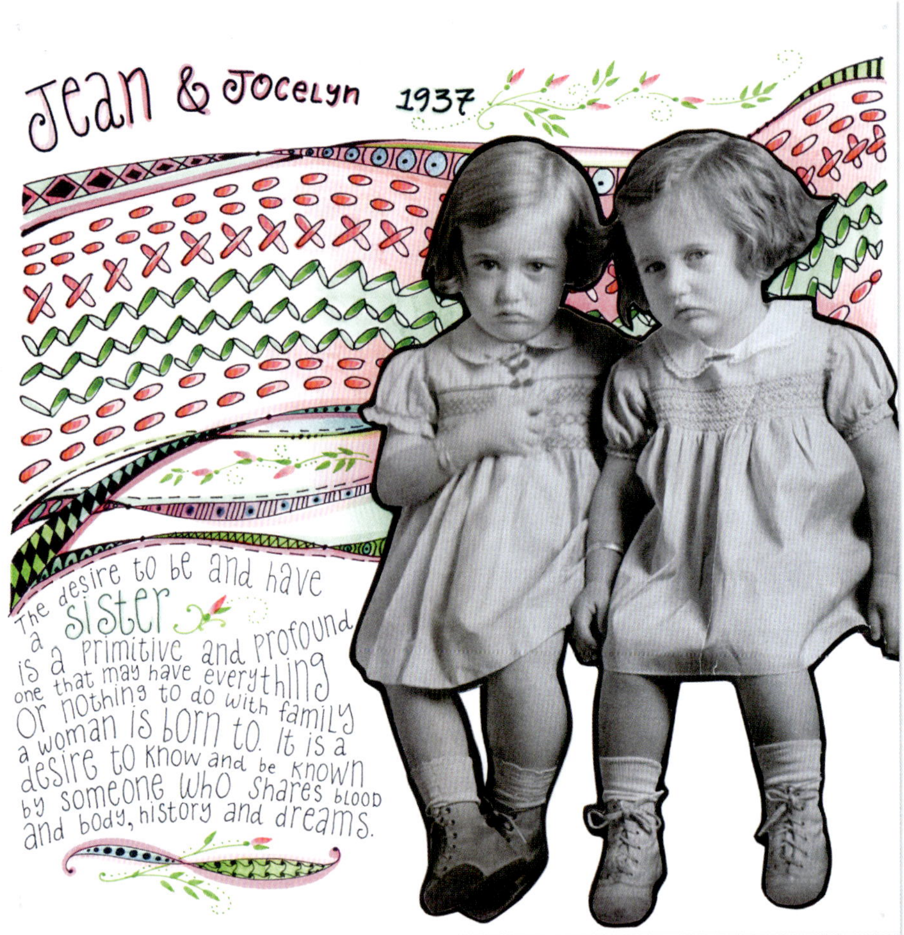

Bunte Zentangles in Skizzenbüchern

Ihre Fotos lassen sich in einem Skizzenbuch (z. B. von Moleskine) wunderschön mit farbig gestalteten Tangles und anderen Verzierungen kombinieren. Denken Sie beim Zeichnen daran, auf die Fotofarben einzugehen.

Skizzenbuch-Seite für meine Schwester

Liegen bei Ihnen auch noch schöne alte Bilder herum? Dann werden Sie kreativ! Jede Seite Ihres Skizzenbuchs ist eine neue Möglichkeit, Erinnerungen zu bewahren und liebevoll auszuschmücken.

Auf dieser Seite habe ich Bordüren gezeichnet, die das Stickereimuster in den Mädchenkleidern fortführen. Dazu kamen Blütenranken und ein poetischer Text. Schwarz-Weiß-Fotos setze ich gern mit frischen Farben in Szene.

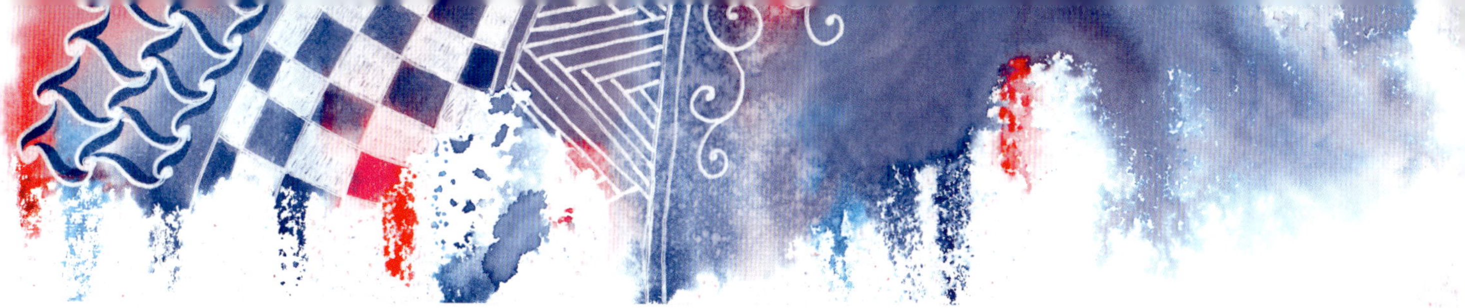

Skizzenbuch-Seite mit Kajak-Foto

Der bläulich verwaschene Hintergrund (Gestaltung siehe Seite 15) passt perfekt zum Paddel-Foto. Hier habe ich bewusst Farbtöne gewählt, die auch im Foto vorkommen. Die Tangles sind mit weißem Gelstift gezeichnet (siehe Seite 25).

TIPP: Den weißen Gelstift halten Sie am besten steil, damit die Tinte frei fließen kann. Führen Sie den Stift langsam übers Papier. Anschließend die weißen Linien bitte nicht übermalen, sonst müssen Sie sie noch einmal nachziehen.
Für ein Projekt wie dieses brauchen Sie Papier, das sich in feuchtem Zustand nicht verzieht, z. B. schweren Zeichenkarton oder glattes Aquarellpapier (300 g/m^2).

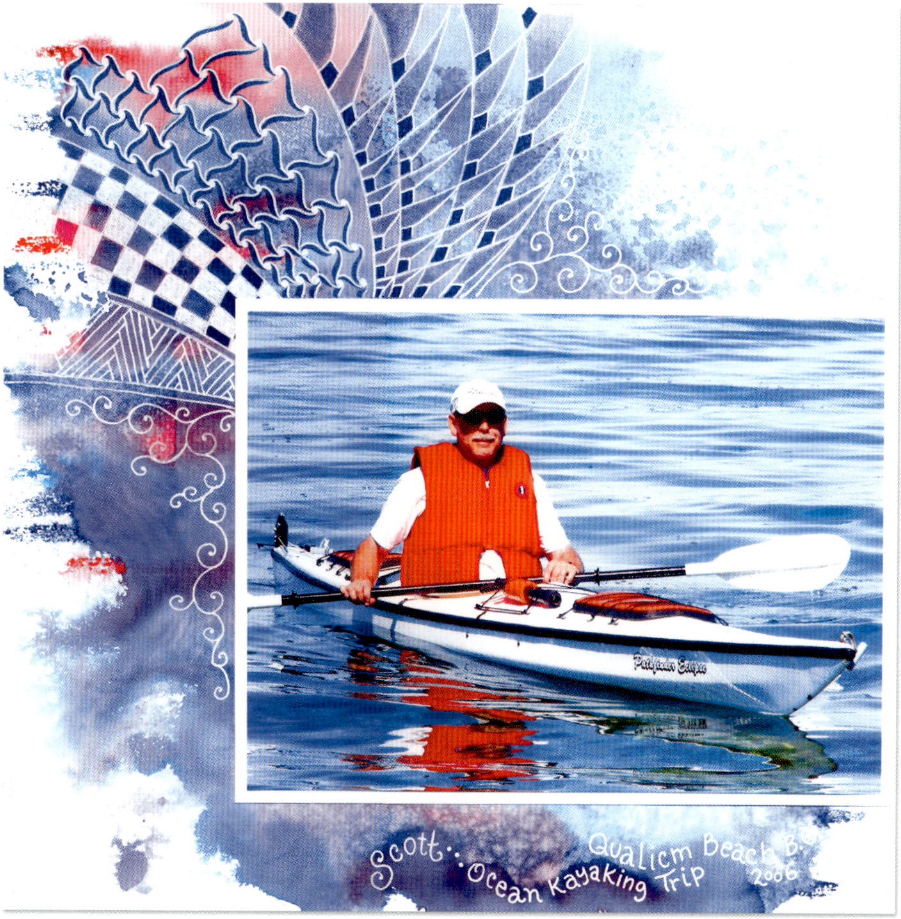

Persönliche Grußkarten

Selbstgestaltete Postkarten zu entwerfen, ist herrlich. Verschicken Sie diese individuellen Schmuckstücke an gute Freunde und Verwandte und zeigen Sie ihnen, wie sehr Sie sie wertschätzen. Zeichnen Sie auf Aquarellpapier und kleben Sie Ihre Werke auf verschiedenfarbige Karten.

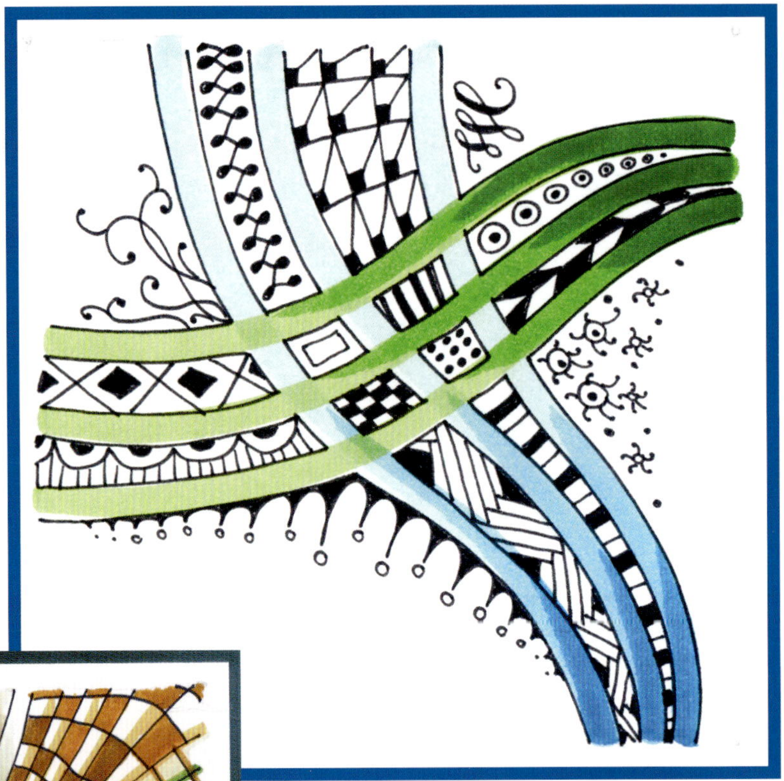

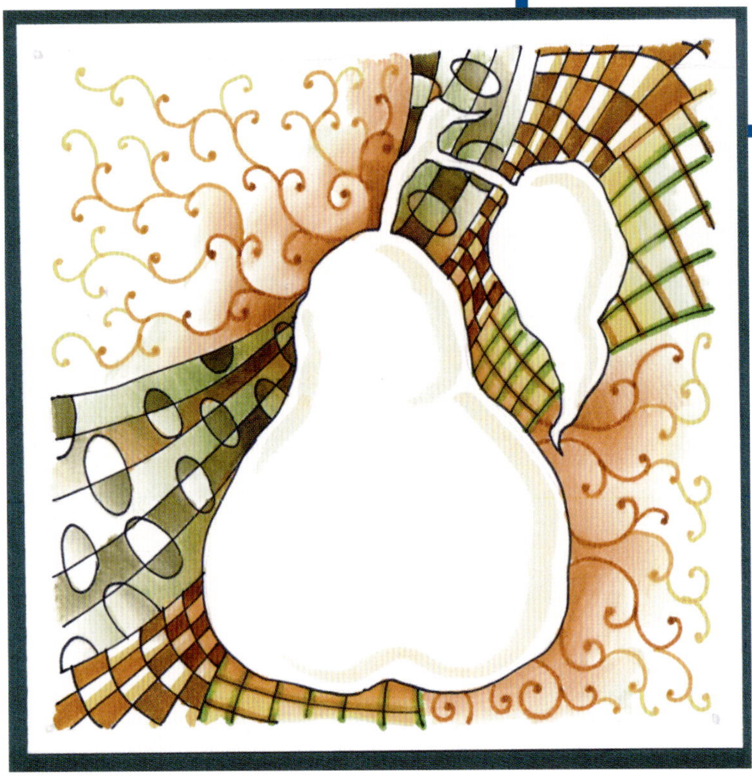

Cubine Combo X

Das Motiv spielt mit dem Cubine-Muster und kühlen Farben. Ich habe die Bänder am rechten und unteren Rand zusammenlaufen lassen: Dadurch erzeuge ich einen fließenden Gesamteindruck.

Checkered Rainbow

Sanfte Pastelltöne bilden einen zauberhaften Gegensatz zu den schwarzen Linien des Fineliners. Hier betont das Schachbrettmuster Knightsbridge die beiden Enden des Regenbogens.

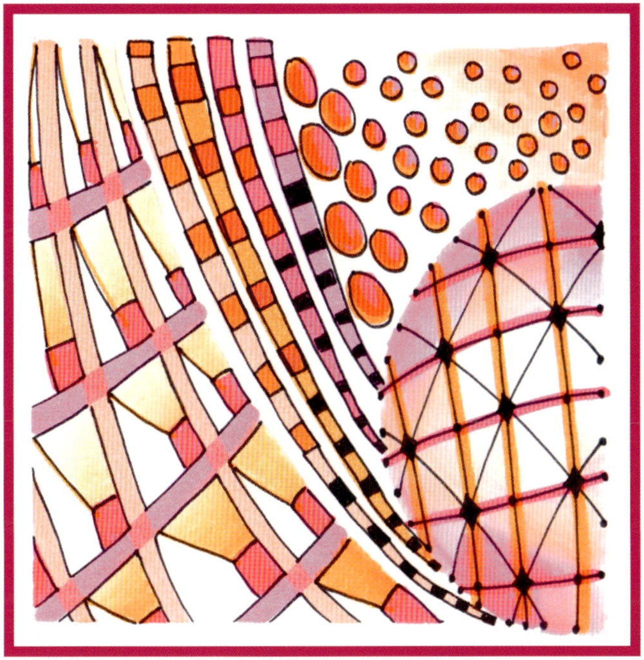

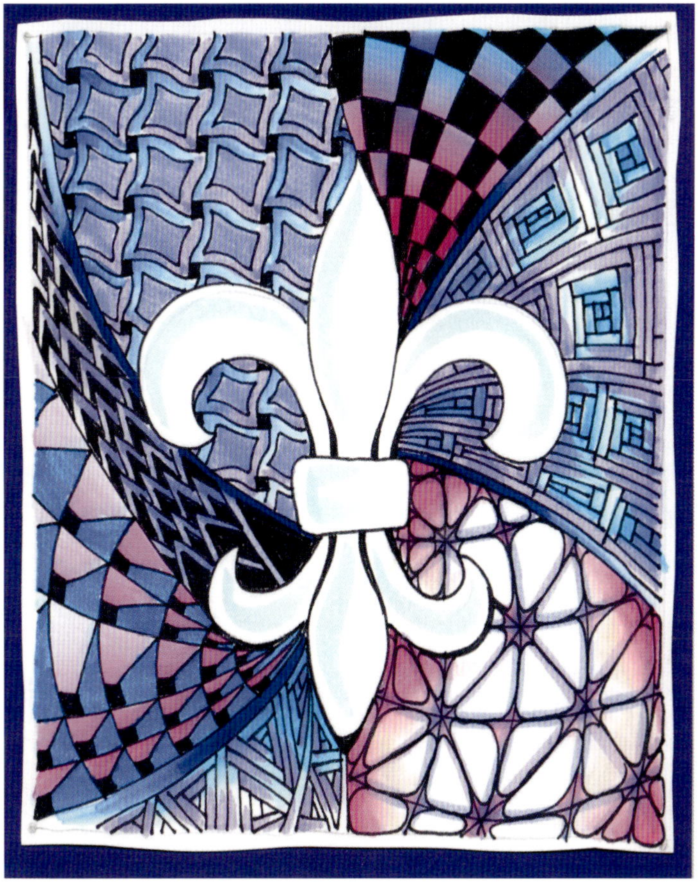

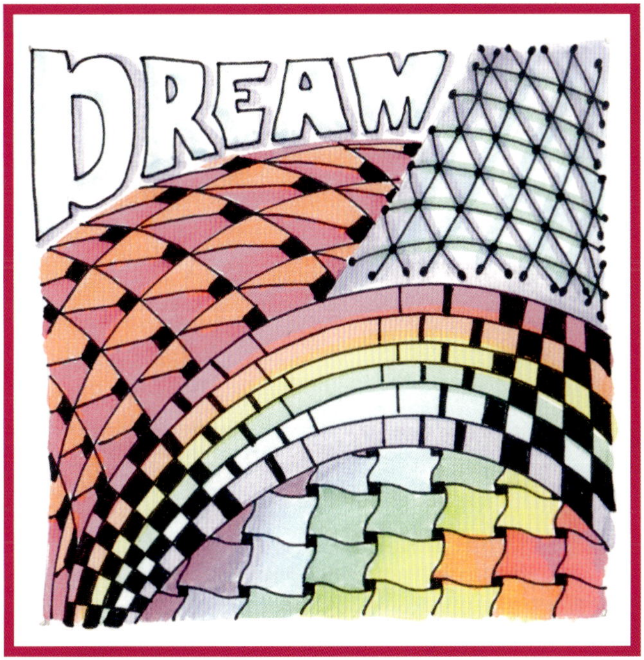

↑ Karte mit Schwertlilien-Motiv

Ich arbeite gern gegenständliche Formen ins Bild ein, oben beispielsweise eine stilisierte Lilie. Wenn Sie so eine Karte gestalten möchten, zeichnen Sie die Umrisse der Figur mit schwarzem Fineliner. An diesem »String« setzen die anderen Muster direkt an. Füllen Sie die einzelnen Felder um das große Motiv herum, und kolorieren Sie mit Pinsel-Filzstiften.

Landschaften mit Text

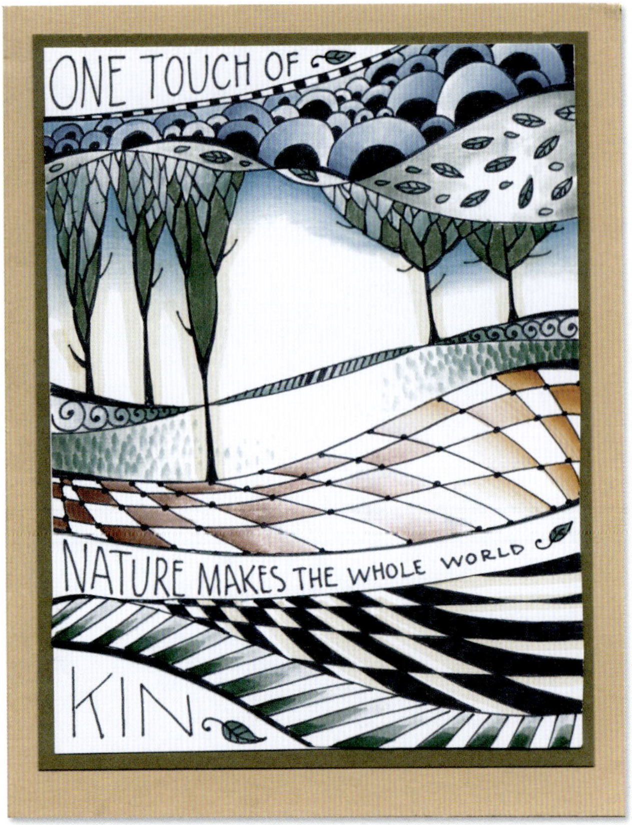

In der Zentangle-inspirierten Kunst werden seit Jahren immer häufiger Texte mit den Zeichnungen kombiniert. Worte in Bildern bereichern die Ausdrucksmöglichkeiten des Künstlers, er gibt dem Design quasi eine neue Stimme. Das macht die Tangles vielschichtiger und spiegelt zugleich die Künstlerpersönlichkeit wider. Kombinieren Sie doch auch einmal Texte mit Mustern, zum Beispiel in einer dekorativen Landschaft! Gestalten Sie Botschaften, in denen Sie sich selbst wiederfinden – egal, woher der Text stammt.

TIPP: Mit Naturformen, Rastern und Tangles fülle oder verziere ich die Landschaft. Bei der farbigen Ausgestaltung greife ich am liebsten zu Pinsel-Filzstiften. Verwenden Sie Fractal Tree-Formen (siehe Seite 38) um einzelne Bereiche hervorzuheben oder das Bild senkrecht zu strukturieren.

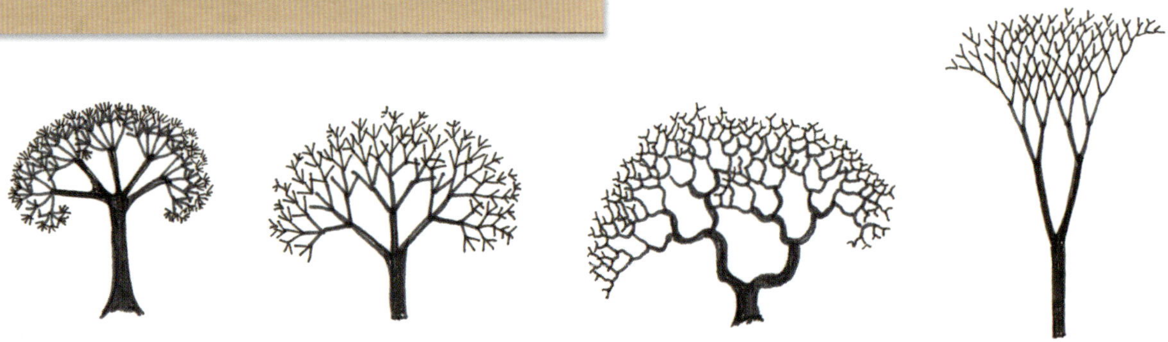

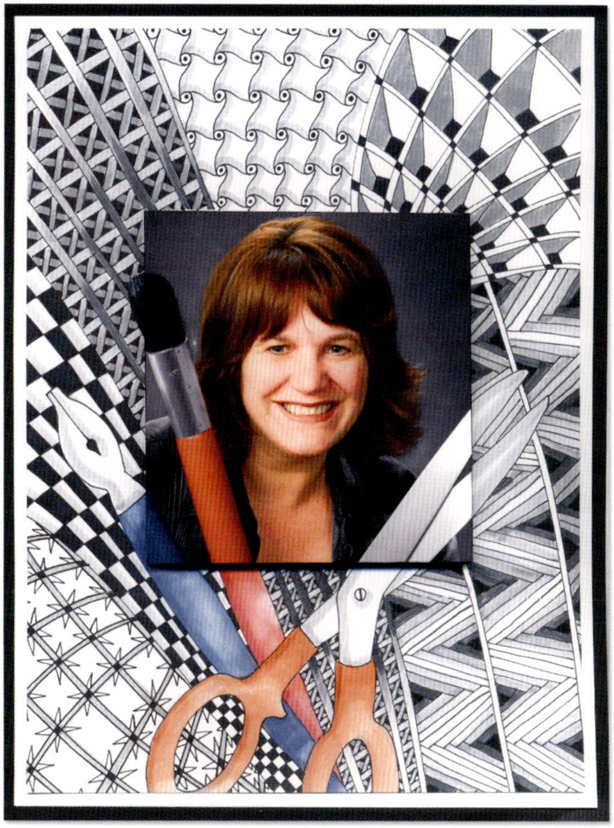

Kunstvoll gestalteter Bilderrahmen

Konzentrieren Sie sich auf das Bild des geliebten Menschen und Ihre Beziehung zu ihm. So fällt Ihnen die Auswahl der Tangles leicht, die zu seiner Persönlichkeit passen und am besten ausdrücken, wie wichtig er Ihnen ist.

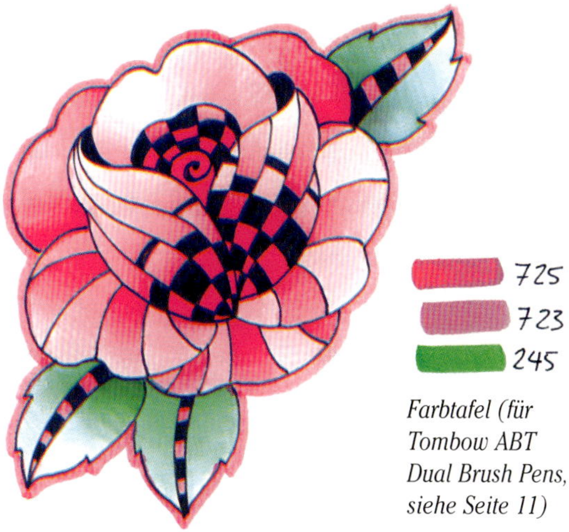

Farbtafel (für Tombow ABT Dual Brush Pens, siehe Seite 11)

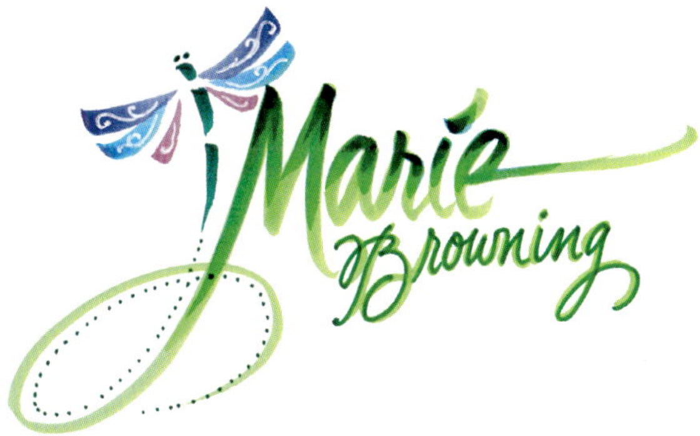

Signieren

Gestalten Sie auch Ihre Signatur individuell kreativ und wählen Sie eine Form, die Ihre Persönlichkeit am besten ausdrückt (z. B. Initialen, vollständiger Name, Symbol).

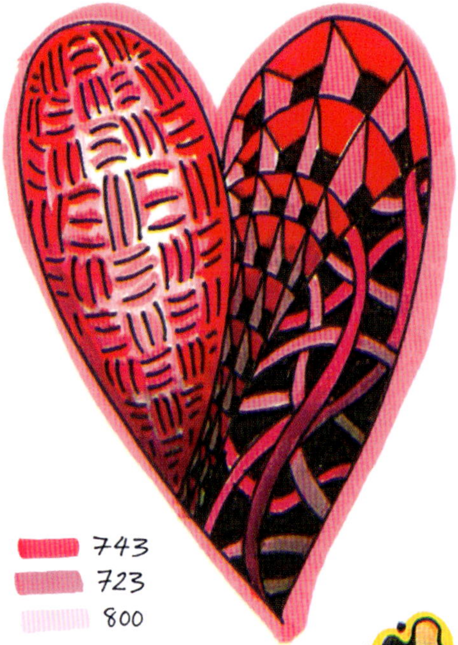

743
723
800

Farbtafel (für Tombow ABT Dual Brush Pens, siehe Seite 11)

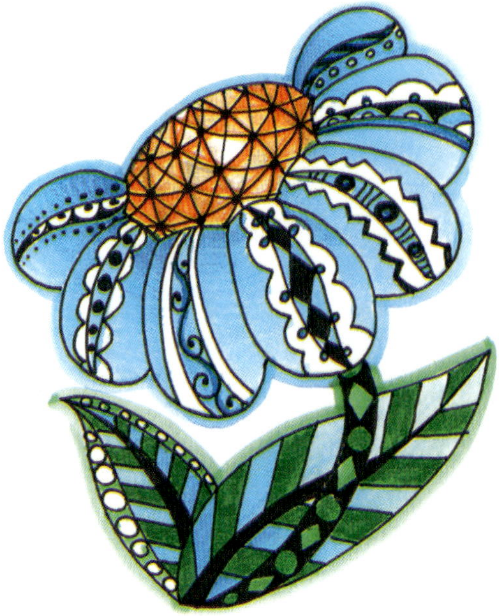

933
493
452
245

Farbtafel (für Tombow ABT Dual Brush Pens, siehe Seite 11)

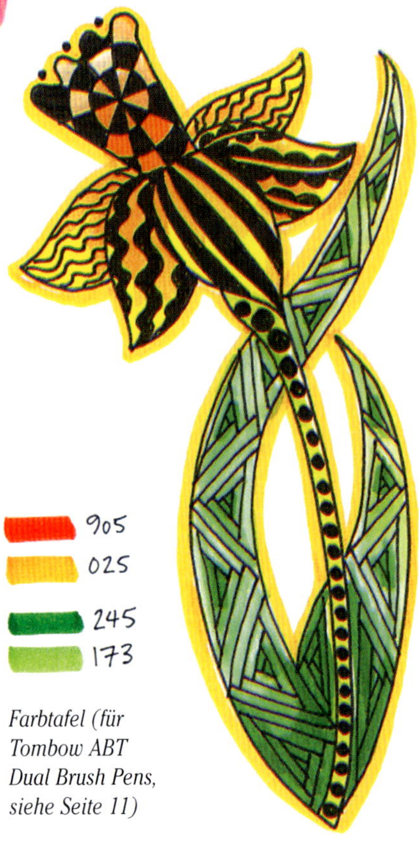

905
025
245
173

Farbtafel (für Tombow ABT Dual Brush Pens, siehe Seite 11)

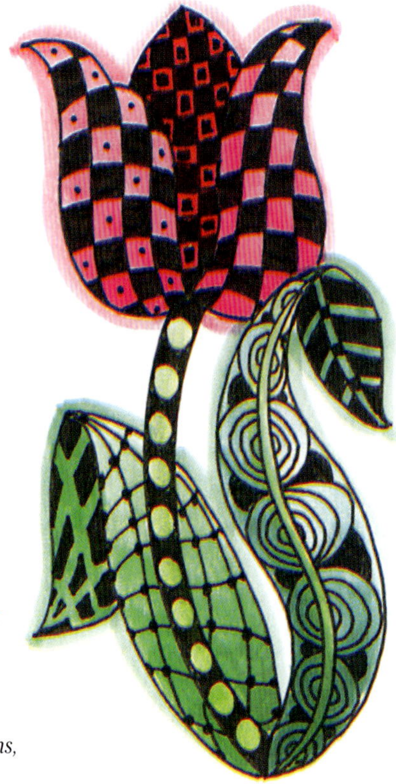

835
703
296
173

Farbtafel (für Tombow ABT Dual Brush Pens, siehe Seite 11)

Die Natur als Inspirationsquelle

Die Natur »zeichnet« bezaubernde Tangles auf Libellenflügel und bringt grazile Blattadern hervor. Lassen Sie sich anstecken! Bebildern Sie einfach konkrete Motive anstelle von abstrakten Feldern. Fantasievolle Farbkombinationen machen dabei oft am meisten Spaß.

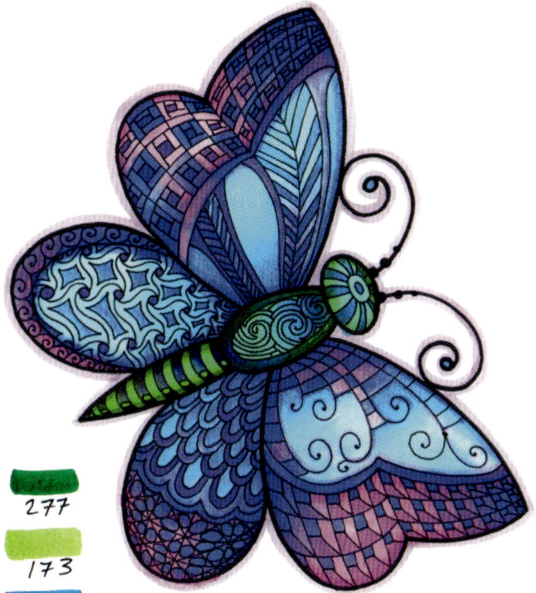

277
173
493
553

Farbtafel (für Tombow ABT Dual Brush Pens, siehe Seite 11)

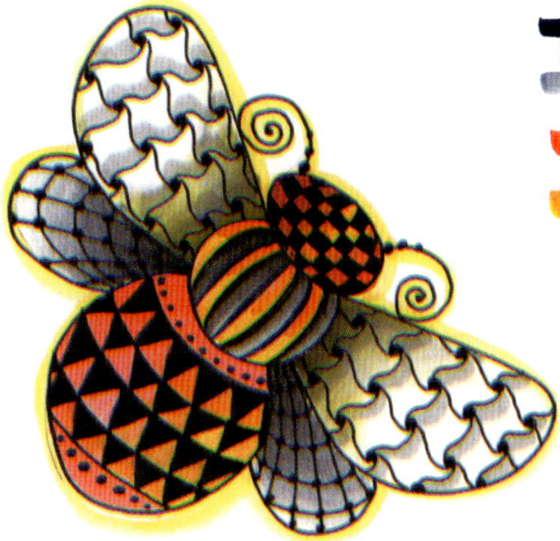

N25
N75
905
025

Farbtafel (für Tombow ABT Dual Brush Pens, siehe Seite 11)

249
098

Farbtafel (für Tombow ABT Dual Brush Pens, siehe Seite 11)

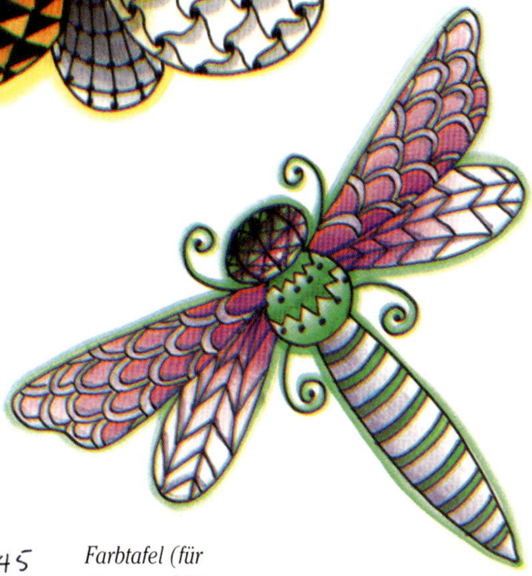

245
553
685

Farbtafel (für Tombow ABT Dual Brush Pens, siehe Seite 11)

Verzeichnis der Tangle-Muster

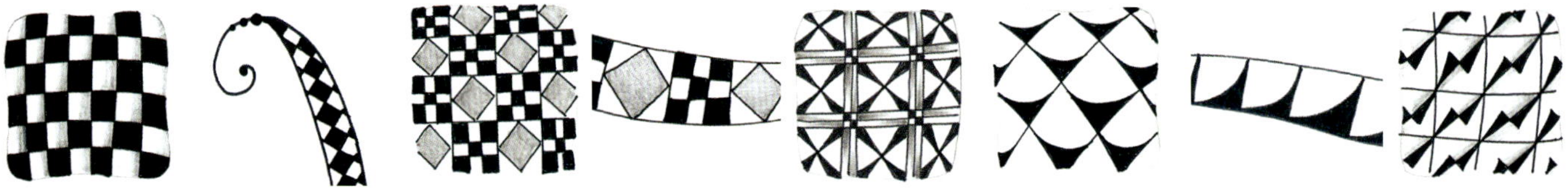

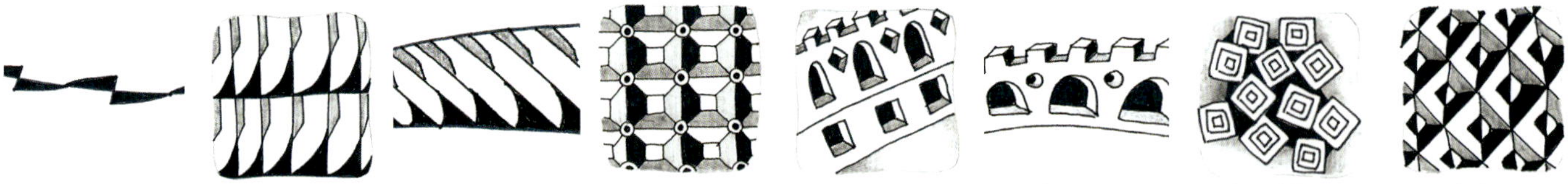

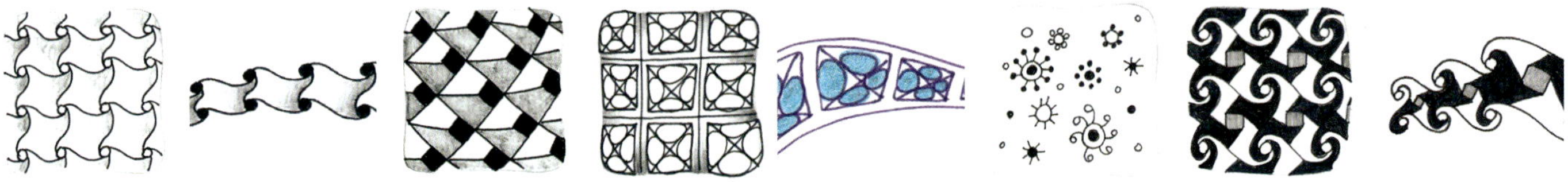

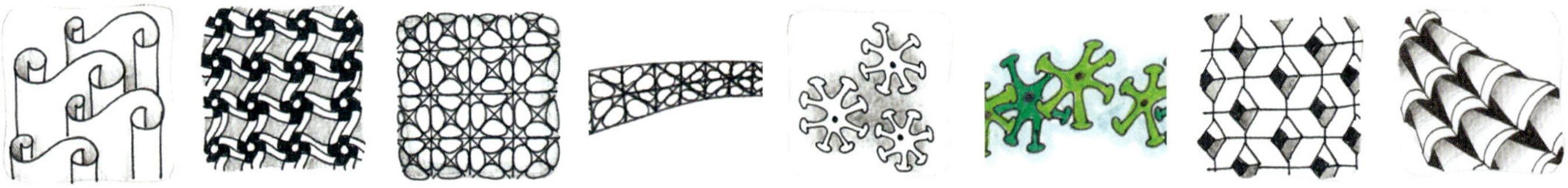

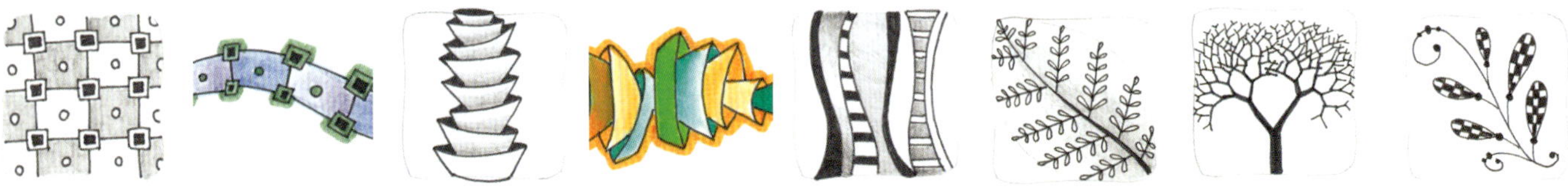

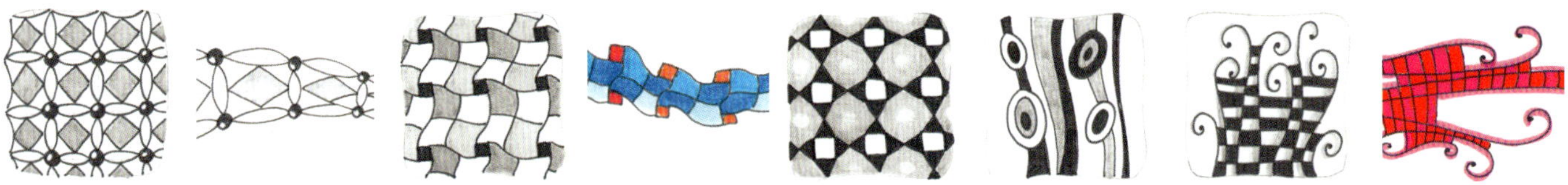